大國話語

韓震　著

總策劃

彭國華

顧　問

何毅亭　陳先達　孫正聿　韓慶祥

何毅亭　中共中央黨校常務副校長

　　人民日報出版社圍繞構建中國話語、講好中國故事，策劃出版「中國夢‧中國道路」系列圖書，是及時的，也是具有重大意義的。

　　二〇一七年十月，我們黨召開了十九大，習近平總書記代表中央委員會向大會做報告，在總結黨的十八大以來五年成就的基礎上，宣告中國特色社會主義進入新時代，並且系統闡述了作為黨的指導理論的習近平新時代中國特色社會主義思想。這篇報告，是我們黨的政治宣言，也是我們黨的行動綱領，更是我們黨的經驗總結，是我們構建中國話語、講好中國故事的基本遵循。

　　習近平總書記二〇一六年五月在全國哲學社會科學工作座談會上的講話，集中闡述了構建中國特色哲學社會科學的學科體系、學術體系、話語體系等問題，強調要對當代中國的偉大社會變革進行總結，不僅要讓世界知道「舌尖上的中國」，還要讓世界知道「學術中的中國」「理論中的中國」「哲學社會科學中的中國」，讓世界知道「發展中的中國」「開放中的中國」「為人類文明做貢獻的中國」。這個要求是非常明確、非常具體的。

　　改革開放四十年來，隨著中國經濟社會不斷取得長足發展，國際社會越來越願意閱讀中國故事，越來越願意傾聽中國聲音，越來越願意學

習中國智慧。黨的十八大以來的幾年尤其如此。為什麼？就是因為存在著「西方之亂」和「中國之治」的分野，有志之士都希望一探究竟，都希望了解「發展中的中國」「開放中的中國」「為人類文明做貢獻的中國」到底是怎麼回事。

「西方之亂」是一種客觀描述。二〇〇八年國際金融危機爆發以來，西方國家經濟復甦乏力，至今仍然沒有擺脫低迷的窘境。何去何從，以美國為首的西方大國給出的方案是「本國優先」；「逆全球化」蔚然成風；一系列貿易保護主義措施紛紛出臺。與此同時，西方大國社會階層族群分裂、民粹主義抬頭。在應對國際國內突出問題上，西方各國政府普遍力不從心、改革乏力，甚至推卸責任、轉嫁危機。

與「西方之亂」形成鮮明對比的是，黨的十八大以來，以習近平同志為核心的黨中央，舉旗定向、運籌帷幄，統籌推進「五位一體」總體布局，協調推進「四個全面」戰略布局，提出一系列具有開創性意義的新理念新思想新戰略，出臺一系列重大方針政策，推出一系列重大舉措，推進一系列重大工作，解決了許多長期想解決而沒有解決的難題，辦成了許多過去想辦而沒有辦成的大事，著力推進國家治理體系和治理能力現代化，推動黨和國家事業發生深刻的歷史性變革，也為解決人類問題、完善全球治理體系貢獻了中國智慧和中國方案。這就是既造福中國也造福世界的「中國之治」。

正如習近平總書記所要求的，要成功推進並向世界講好「中國之治」，就要積極構建中國話語體系。構建中國話語體系，目的是與中國國際地位的提高相適應，客觀展現中國革命、建設、改革的成果，以理論、經驗和事實向世界提供發展方案，為促進各國共同繁榮貢獻智慧。構建中國話語體系，需要對西方話語體系進行科學辨析、理性批判，有理有據駁斥西方話語體系對中國和其他發展中國家的偏見，切實改變「西強中弱」的國際輿論格局，消除基於西方中心論的話語對中國形象

的歪曲，以事實為依據傳播真實的中國資訊，並推動形成健康的國際輿論氛圍。

「中國夢・中國道路」系列圖書，從哲學、歷史、外交、經濟、文化等多個維度，以理性的分析、翔實的資料、雄辯的事實、生動的故事談中國、論世界，是國內外讀者了解國際局勢及中國發展道路的重要參考，有利於傳遞中國聲音、塑造中國負責任大國形象，具有較高的理論價值和現實意義，能為構建中國話語體系、增強中國的國際話語權做出有益貢獻。這套叢書的作者，包括韓震、王義桅、辛鳴、陳曙光、蘇長和等，都是中國哲學社會科學領域的知名學者，有的還是很有潛力的青年才俊。他們的研究和建樹，保證了這套叢書的高度、深度和權威性。

我很高興向廣大讀者推薦這套叢書。

「四個自信」堅定話語自信

習近平總書記在省部級主要領導幹部「學習習近平總書記重要講話精神，迎接黨的十九大」專題研討班上發表重要講話，他明確提出：中國特色社會主義是改革開放以來黨的全部理論和實踐的主題，全黨必須高舉中國特色社會主義偉大旗幟，牢固樹立中國特色社會主義道路自信、理論自信、制度自信、文化自信，確保黨和國家事業始終沿著正確方向勝利前進。在黨的十九大報告中，習近平總書記又進一步科學分析了當前國際國內形勢，深刻闡述了五年來黨和國家事業發生的歷史性變革。這些歷史性變革，對黨和國家事業發展具有重大而深遠的影響。經過長期努力，中國特色社會主義進入了新時代，這是中國發展新的歷史方位。中國特色社會主義進入新時代，意味著近代以來久經磨難的中華民族迎來了從站起來、富起來到強起來的偉大飛躍，迎來了實現中華民族偉大復興的光明前景；意味著科學社會主義在二十一世紀的中國煥發出強大生機活力，在世界上高高舉起了中國特色社會主義偉大旗幟；意味著中國特色社會主義道路、理論、制度、文化不斷發展，拓展了發展中國家走向現代化的途徑，給世界上那些既希望加快發展又希望保持自身獨立性的國家和民族提供了全新選擇，為解決人類問題貢獻了中國智

慧和中國方案。習近平總書記還深刻闡述了新的歷史條件下堅持和發展中國特色社會主義的一系列重大理論和實踐問題，深刻闡明了未來一個時期黨和國家事業發展的大政方針和行動綱領，指明了今後一個時期引導中國發展的前進方向，提出了一系列新的重要思想、重要觀點、重大判斷、重大舉措，具有戰略性、前瞻性、指導性和綱領性的意義。中國特色社會主義「四個自信」，為我們建構「中國話語、堅定話語自信」奠定了堅實的理論與實踐基礎。

一、中國特色社會主義是改革開放以來黨的全部理論的主題

作為改革開放以來黨的全部理論的主題，中國特色社會主義事關我們黨宣示舉什麼旗、走什麼路、以什麼樣的精神狀態、擔負什麼樣的歷史使命、實現什麼樣的奮鬥目標。中國特色社會主義是改革開放以來我們黨的全部理論主題，那就是沒有例外，我們的所有理論努力都是為了回答中國特色社會主義所面臨的問題。我們黨堅持和發展中國特色社會主義，必須高度重視理論的作用，增強理論自信和戰略定力。

第一，中國特色社會主義實踐過程，是改革開放以來黨的理論發展的全部基礎。「時代是思想之母，實踐是理論之源。」理論既是對以往實踐的總結，也能夠對今後的實踐發揮重要的引領功能。偉大的理論源自偉大的實踐，成功的實踐有賴於正確理論的指導。正如習近平總書記指出的，我們黨是高度重視理論建設和理論指導的黨，強調理論必須同實踐相統一。中國特色社會主義實踐和理論的雙重成功，就貴在有「中國特色」。有了中國特色，我們可以摸著自己社會發展的「石頭」，過改革開放之河，逐步探索出一條符合當代中國實際的中國道路，總結出指導當代中國實踐的中國理論。有了中國特色，我們就可以不必再走他

人走過且已經僵化的「老路」，也不必走改旗易幟的「邪路」。那些走老路的，即使不是停滯不前，也在進退維谷中苟延殘喘；那些走邪路的，即使不是陷入社會動盪和內亂，也往往因失去符合實際的發展方向而徘徊不前。唯有中國特色社會主義實踐創造了「中國奇蹟」，中國特色社會主義理論指明了正確的方向。

第二，中國特色社會主義所破解的問題，是改革開放以來黨的理論探索的全部內容。中國特色社會主義的理論邏輯，一直伴隨著中國特色社會主義的實踐進程而發展。毛澤東同志等老一輩無產階級革命家，把握世界革命的潮流，領導中國人民經過艱苦卓絕的奮鬥，建立了新中國，為中國特色社會主義事業奠定了基礎。鄧小平同志與他的同志們，把握世界和平發展的大勢，衝破「兩個凡是」的束縛，摒棄「以階級鬥爭為綱」的路線，把黨和國家的工作重點轉移到經濟建設上來，使中國走向了改革開放，開創了中國特色社會主義道路；在不同的歷史條件下，中國共產黨帶領全國各族人民接力探索，不斷把中國特色社會主義推向新的發展階段。經過改革開放近四十年的發展，中國社會生產力水平已經有了明顯提高；人民生活得到了顯著改善。然而，事實已經告訴我們，「發展起來之後的問題，不比不發展時少」。黨的十八大以來，黨中央科學把握當今世界和當代中國的發展大勢，順應實踐要求和人民願望，推出一系列重大戰略舉措，出臺一系列重大方針政策，推進一系列重大工作，解決了許多長期想解決而沒有解決的難題，辦成了許多過去想辦而沒有辦成的大事。為了辦好辦成這些大事，黨中央牢牢把握中國發展的階段性特徵，牢牢把握人民群眾對美好生活的嚮往，提出了一系列新的思路、新的戰略、新的舉措，統籌推進「五位一體」總體布局、協調推進「四個全面」戰略布局，力爭取得全面建成小康社會的勝利，實現中華民族的偉大復興中國夢，這就構成了中國特色社會主義理論新境界的全部內容。

第三，中國特色社會主義實踐創新，是改革開放以來黨的理論創新的全部動力之源。理論創新的動力來自實踐創新。時代前進的浪潮，推動著理論發展的步伐。正是為了解決和平與發展的時代主題，鄧小平同志開創了中國特色社會主義理論體系；正是為了解決在發展中遇到的各種新問題，中國共產黨才得以把中國特色社會主義理論體系不斷推向新境界。習近平總書記指出，在新的時代條件下，我們要進行偉大鬥爭、建設偉大工程、推進偉大事業、實現偉大夢想，仍然需要保持和發揚馬克思主義政黨與時俱進的理論品格，勇於推進實踐基礎上的理論創新。我們要在迅速變化的時代中贏得主動，要在新的偉大鬥爭中贏得勝利，就要在堅持馬克思主義基本原理的基礎上，以更寬廣的視野、更長遠的眼光來思考和把握國家未來發展面臨的一系列重大戰略問題，在理論上不斷拓展新視野、做出新概括，為在新的歷史起點上黨和國家事業發生歷史性變革，把中國特色社會主義推進到新的發展階段，做好理論準備和思想鋪墊，以新的精神狀態和奮鬥姿態把中國特色社會主義推向前進。

第四，十八大以來，國內外形勢變化和中國各項事業的新發展給我們提出了一個重大時代課題，這為理論的飛躍性創新提供了持續的推動力。這就是必須從理論和實踐結合上系統回答新時代堅持和發展什麼樣的中國特色社會主義、怎樣堅持和發展中國特色社會主義，包括新時代堅持和發展中國特色社會主義的總目標、總任務、總體布局、戰略布局和發展方向、發展方式、發展動力、戰略步驟、外部條件、政治保證等基本問題，並且要根據新的實踐對經濟、政治、法治、科技、文化、教育、民生、民族、宗教、社會、生態文明、國家安全、國防和軍隊、「一國兩制」和祖國統一、統一戰線、外交、黨的建設等各方面做出理論分析和政策指導，以利於更好堅持和發展中國特色社會主義。圍繞這個重大時代課題，我們黨堅持解放思想、實事求是、與時俱進、求真務

實，堅持辯證唯物主義和歷史唯物主義，緊密結合新的時代條件和實踐要求，以全新的視野深化對共產黨執政規律、社會主義建設規律、人類社會發展規律的認識，進行艱辛理論探索，取得重大理論創新成果，形成了習近平新時代中國特色社會主義思想。習近平新時代中國特色社會主義思想，明確堅持和發展中國特色社會主義，總任務是實現社會主義現代化和中華民族偉大復興，在全面建成小康社會的基礎上，分兩步走在二十一世紀中葉建成富強民主文明和諧美麗的社會主義現代化強國；明確新時代中國社會主要矛盾是人民日益增長的美好生活需要和不平衡不充分的發展之間的矛盾，必須堅持以人民為中心的發展思想，不斷促進人的全面發展、全體人民共同富裕；明確中國特色社會主義事業總體布局是「五位一體」、戰略布局是「四個全面」，強調堅定道路自信、理論自信、制度自信、文化自信；明確全面深化改革總目標是完善和發展中國特色社會主義制度、推進國家治理體系和治理能力現代化；明確全面推進依法治國總目標是建設中國特色社會主義法治體系、建設社會主義法治國家；明確黨在新時代的強軍目標是建設一支聽黨指揮、能打勝仗、作風優良的人民軍隊，把人民軍隊建設成為世界一流軍隊；明確中國特色大國外交要推動構建新型國際關係，推動構建人類命運共同體；明確中國特色社會主義最本質的特徵是中國共產黨領導，中國特色社會主義制度的最大優勢是中國共產黨領導，黨是最高政治領導力量，提出新時代黨的建設總要求，突出政治建設在黨的建設中的重要地位。習近平新時代中國特色社會主義思想，是對馬克思列寧主義、毛澤東思想、鄧小平理論、「三個代表」重要思想、科學發展觀的繼承和發展，是馬克思主義中國化最新成果，是黨和人民實踐經驗和集體智慧的結晶，是中國特色社會主義理論體系的重要組成部分，是全黨全國人民為實現中華民族偉大復興而奮鬥的行動指南，必須長期堅持並不斷發展。

二、中國特色社會主義是改革開放以來黨的全部實踐的主題

作為改革開放以來黨的全部實踐的主題，中國特色社會主義事關中國社會發展的性質和方向，事關黨和國家事業繼往開來，事關中國特色社會主義前途命運，事關最廣大人民群眾的根本利益。中國特色社會主義是改革開放以來我們黨的全部實踐的主題，那也是沒有例外，我們的所有實際工作都是為了建設中國特色社會主義。改革開放以來，黨的歷屆全國代表大會都以在不同階段建設中國特色社會主義為主題。實踐不僅出真知，而且實踐也出實實在在的建設成就。

第一，在二十世紀社會主義探索處於裹足不前，經濟社會發展遇到困難的情況下，我們黨以創造性的實踐開闢了中國特色社會主義道路。中國特色社會主義的實踐告訴我們，改革必須堅持正確方向，我們既不走封閉僵化的老路、也不走改旗易幟的邪路。歷史已經證明，閉關鎖國不僅不能彰顯社會主義的優越性，而且只能是自我封閉，窒息人民群眾的首創精神和社會活力。歷史同樣證明，割斷自己的傳統，搞所謂「休克療法」，同樣要付出自掘墳墓的慘痛代價。那些全盤接受新自由主義方案的國家，不僅沒有實現國家夢寐以求的快速發展，反而成為西方大國經濟上的附庸，而試圖通過「顏色革命」走向「春天」的國家，反而因陷於內亂而進入「隆冬」。歷史教訓告訴我們，任何時候都不能忘記了改革的初心。中國的改革開放，不是為了讓中國變成「他者」，而是要建設一個更加富強文明的中國；不是讓社會主義變成資本主義，而是建設富強民主文明和諧的社會主義現代化強國。

第二，在東歐劇變之後世界範圍內社會主義處於低潮時期，我們黨以中國特色社會主義的成功實踐，不斷創造讓世人矚目的「中國奇蹟」。中國共產黨不畏浮雲遮望眼，帶領中國人民，排除各種干擾，堅

持高舉中國特色社會主義偉大旗幟不斷把中國特色社會主義推向發展的新階段。一方面，我們堅持改革開放，不斷尋找發展的新動力、新路徑；另一方面，我們絕不動搖走社會主義共同富裕道路的信念。我們用了短短幾十年的時間，就把一個積貧積弱的發展中國家，建設成為世界第二大經濟體，用事實雄辯地證明了：只有中國特色社會主義才能發展中國；只有改革開放，才能讓中國人民擺脫貧困，過上富裕的生活。

第三，在國際金融危機餘波難平，西方發達國家民粹主義沉渣泛起，「逆經濟全球化」和貿易保護主義抬頭的情況下，我們黨以具有世界引領意義的實踐擔當，為解決世界問題提供了「中國方案」。黨的十八大以來，在新中國成立特別是改革開放以來中國發展取得的重大成就基礎上，黨和國家事業發生歷史性變革，中國的發展站到了新的歷史起點上，中國特色社會主義進入了新的發展階段。黨中央適時地提出並堅定不移貫徹新發展理念，有力推動中國發展不斷朝著更高品質、更有效率、更加公平、更可持續的方向前進。中國改革開放以來，經濟社會發展到現在，靠模仿和借鑑已經不管用了，實施創新驅動發展戰略，才能抓住了牽動經濟社會發展全域的「牛鼻子」；發展到現在，分路推進的發展也已經走到了可以走的最高點，今後協調發展已經成為制勝的關鍵或要訣；發展到現在，我們再也不能靠犧牲環境來發展了，必須推動形成綠色發展方式和生活方式，才能保持可持續發展；發展到現在，中國綜合國力得到大幅提升，但這不是放棄改革的理由，只有更進一步的開放才能給我們提供更大的發展空間，為中華民族復興提供國際環境和空間；發展到現在，主要問題已經不是讓一部分人先富起來，而是到了先富必須帶後富的階段，我們應該貫徹以人民為中心的發展思想，構建共建共享的社會。中國全面深化改革的實質就是要不斷創新，勇於推進理論創新、實踐創新、制度創新以及其他各方面創新，從而讓中國特色社會主義制度更加成熟定型，讓中國經濟社會發展更有品質，讓社會治理

更有水平，讓全體中國人民都有更多的獲得感。中國特色社會主義不斷取得的重大成就，意味著近代以來久經磨難的中華民族實現了從站起來、富起來到強起來的歷史性飛躍，意味著社會主義在中國煥發出強大生機活力並不斷開闢發展新境界，意味著中國特色社會主義拓展了發展中國家走向現代化的途徑，在世界處於新的不確定性的情況下，為解決人類問題貢獻了中國智慧、提供了中國方案。

第四，在改革開放的進程之中，中國共產黨帶領全國人民創造性地推動中國特色社會主義進入新時代，中國社會主要矛盾已經轉化為人民日益增長的美好生活需要和不平衡不充分的發展之間的矛盾。矛盾的轉化已經把中國的發展推向了新的境界，我們必須有新的理念、新的戰略、新的舉措，才能應對時代的新要求。中國穩定解決了十幾億人的溫飽問題，總體上實現小康，不久將全面建成小康社會，人民美好生活需要日益廣泛，不僅對物質文化生活提出了更高要求，而且在民主、法治、公平、正義、安全、環境等方面的要求日益增長。同時，中國社會生產力水平總體上顯著提高，社會生產能力在很多方面進入世界前列，更加突出的問題是發展不平衡不充分，這已經成為滿足人民日益增長的美好生活需要的主要制約因素。

三、新時代中國特色社會主義承載著民族復興的偉大夢想

歷史已經證明，沒有共產黨就沒有新中國。沒有中國特色社會主義就不能發展中國。我們黨堅持和發展中國特色社會主義，也就為中華民族的偉大復興開闢了道路。

在「7‧26」講話中習近平總書記指出，到二〇二〇年全面建成小康社會，實現第一個百年奮鬥目標，是我們黨向人民、向歷史做出的莊

嚴承諾。為此，我們就要突出抓重點、補短板、強弱項，特別是要堅決打好防範化解重大風險、精準脫貧、污染防治的攻堅戰，堅定不移深化供給側結構性改革，推動經濟社會持續健康發展，真正全面建成得到人民認可、經得起歷史檢驗的「小康社會」。二〇二〇年全面建成小康社會後，我們仍然不能有絲毫的鬆懈，而應該竭盡全力地踏上實現第二個百年奮鬥目標的新征程，努力把中國建設成為社會主義現代化國家，「讓中華民族以更加昂揚的姿態屹立於世界民族之林。」

在十九大報告中，習近平總書記又進一步指出：從十九大到二十大，是「兩個一百年」奮鬥目標的歷史交會期。我們既要全面建成小康社會、實現第一個百年奮鬥目標，又要乘勢而上開啟全面建設社會主義現代化國家新征程，向第二個百年奮鬥目標進軍。黨中央綜合分析國際國內形勢和中國發展條件，把從二〇二〇年到二十一世紀中葉明確分兩個階段來安排，即：第一個階段，從二〇二〇年到二〇三五年，在全面建成小康社會的基礎上，再奮鬥十五年，基本實現社會主義現代化。到那時，中國經濟實力、科技實力將大幅躍升，躋身創新型國家前列；人民平等參與、平等發展權利得到充分保障，法治國家、法治政府、法治社會基本建成，各方面制度更加完善，國家治理體系和治理能力現代化基本實現；社會文明程度達到新的高度，國家文化軟實力顯著增強，中華文化影響更加廣泛深入；人民生活更為寬裕，中等收入群體比例明顯提高，城鄉區域發展差距和居民生活水平差距顯著縮小，基本公共服務均等化基本實現，全體人民共同富裕邁出堅實步伐；現代社會治理格局基本形成，社會充滿活力又和諧有序；生態環境根本好轉，美麗中國目標基本實現。隨著而來的是第二個階段，從二〇三五年到二十一世紀中葉，在基本實現現代化的基礎上，再奮鬥十五年，把中國建成富強民主文明和諧美麗的社會主義現代化強國。到那時，中國物質文明、政治文明、精神文明、社會文明、生態文明將全面提升，實現國家治理體系和

治理能力現代化，成為綜合國力和國際影響力領先的國家，全體人民共同富裕基本實現，中國人民將享有更加幸福安康的生活，中華民族將以更加昂揚的姿態屹立於世界民族之林。

習近平總書記的講話，體現了我們黨的歷史擔當和以人民為中心的立場。人民群眾對幸福生活的期盼，就是我們的奮鬥目標。經過改革開放和社會發展，人民生活已經有了顯著改善的情況下，面對人民群眾對美好生活的嚮往更加強烈，人民群眾的需要呈現多樣化多層次多方面的特點，習近平總書記要求我們，要牢牢把握中國發展的階段性特徵，牢牢把握人民群眾對美好生活的嚮往，以便在迅速變化的時代中贏得主動，在新的偉大鬥爭中贏得勝利，不斷開闢中國特色社會主義發展的新境界，拓展國家走向現代化的新途徑。通過實實在在的努力，推動中國更好更快地發展，以便讓全體中國人民能夠有更好的教育、更穩定的工作、更滿意的收入、更可靠的社會保障、更高水平的醫療衛生服務、更舒適的居住條件、更優美的環境、更豐富的精神文化生活。

為了實現民族復興的偉大夢想，習近平總書記提出了要堅定不移貫徹新發展理念，堅定不移全面深化改革，堅定不移全面推進依法治國，堅定不移推進生態文明建設，堅定不移推進國防和軍隊現代化，堅定不移推進中國特色大國外交，堅定不移推進全面從嚴治黨。在這裡，每項工作都會遇到意想不到的困難。譬如，改革從來不可能是一蹴而就的。改革往往都是從易到難，這是符合實踐規律的，也是正確的。在改革初期，通過推進農村以「聯產承包責任制」為主要形式的經濟改革、城市以國有企業改革為重點的經濟體制改革，不僅使社會保持穩定、改革有序展開、人民享有改革成果，從而堅定改革的決心；而且通過進行容易成功的改革，也可以為複雜的較難的改革積累經驗。但人類社會的各個領域和方面畢竟是相互連繫的，中國改革推進到現在，再進行任何領域的改革都需要與其他領域相協調才能推進，靠過去那種單兵突進的方式

已經難以奏效了。正如習近平總書記多次指出的，中國改革「已進入深水區，容易的、皆大歡喜的改革已經完成了，好吃的肉都吃掉了，剩下的都是難啃的硬骨頭。」隨著改革的深化，人們的利益差異越來越錯綜複雜。我們的改革需要更加注重系統性、整體性、協同性，必須要涉深水區、啃硬骨頭。面對各種艱難險阻，我們黨帶領人民成功應對重大挑戰、抵禦重大風險、克服重大阻力、解決重大矛盾，不斷從勝利走向新的勝利，不僅堅定不移地推動全面深化改革，而且使改革呈現全面發力、多點突破、縱深推進的嶄新局面。

新時代中國特色社會主義承載著民族復興的希望。帶領全國各族人民，高舉中國特色社會主義偉大旗幟，為決勝全面小康社會實現中國夢而奮鬥，就是我們黨不可推卸的使命擔當。

目錄
CONTENTS

序

前言

第三章　話語權與國際競爭力

第四章　國際話語權現狀與中國的應對

第五章　如何提高中國的國際話語權

第六章 加快構建中國特色哲學社會科學

第一章　反映時代問題的聲音

第一節　問題是時代的聲音

　　人類社會是一條川流不息的長河。在這條滾滾向前的歷史長河中，由於地勢和水情的差異，不同的河段都會泛出不同的浪花。這就是說，在不同的時空中，人類社會都會醞釀出一些特殊的問題。馬克思曾經說：「問題就是公開的、無畏的、左右一切個人的時代的聲音。問題就是時代的口號，是它表現自己精神狀態的最實際的呼聲。」[1]這些問題既關切人類整體宏觀發展的前景，也反映普通百姓的冷暖人生。這些問題就是時代發出的聲音。在這些聲音中，我們可以聽到一些恆久的旋律，表達著人類社會發展的最基本的規律，但是這些基本旋律的曲調和風格都有不同時期的風格特色。正是這些獨具風格特色的聲音表達著人民群眾的心聲，反映著時代變化的風向。這些聲音呼喚著我們，這些聲音撥動我們的神經，這些聲音引起我們的思考、促動我們的 喊、激發我們的討論、引導我們的行動。反映不同時代的聲音，就構成了不同時代的「話語」；對同一時代聲音的不同立場、不同視角的表達，就構成同一時代的差異性「話語」。

　　話語權就是把握時代脈搏的能力。縱觀歷史，不是所有的人都能夠敏銳地聽到時代的聲音，把握到時代的脈動。許多人被表面的東西或心猿意馬的物欲搞得意亂神迷，聽到的都是聲色犬馬；也有些人受立場和價值觀所局限，聽到的只是自己想聽到的歌舞鼓笙；還有許多人被日常的習慣所鈍化，雖然時代的問題不斷發聲，他們卻充耳不聞。沒有真切的觀察和思考，當然也就沒有話語能力。

1　《馬克思恩格斯全集》，卷40（北京市：人民出版社，1982年），頁289。

前事不忘後事之師。殷鑒不遠，心必存敬畏。那些不能傾聽時代聲音的人，往往成為被時代嘲弄的角色，成為被歷史淘汰的悲劇人物。如果我們穿越歷史的時空到一七八九年七月十四日的法國，法國人民正在進攻巴士底獄，拉開了法國大革命的序幕。由此，封建等級制度的話語體系已經開始讓位於人民平等的話語。可是，在法國國王路易十六的記事本上是這樣記載的：「十四日，星期二，無事。」當有人把情況告訴他時，路易十六吃驚而困惑地問：「怎麼，造反啦？」大臣回答說：「不，陛下。這是一場革命。」由於路易十六未能聽到歷史的聲音，他最終被送上了斷頭臺。實際上，有多少國王、重臣和梟雄由於聽不到時代的聲音，感受不到社會問題之所在，不知道人民的憤怒，因而被掃進了歷史的垃圾堆。

幸運女神總是惠顧那些傾聽時代聲音的人。他們敏銳地發現社會中出現的新問題，他們的思考和行動總是基於對這些問題的解決之道，他們可以提出把握了歷史脈搏的話語。歷史上所有高瞻遠矚的偉大人物，都是因為敏銳地感受到了時代的聲音，抓住了時代性問題，提出了時代性話語，才在推動歷史進步的同時成就了自己的偉業，實現了自己的理想。

——洛克、盧梭、狄德羅等人聽到了在中世紀母體中孕育的新興資本主義生產方式胎兒最初的律動，從而對新舊社會的變化問題進行了理解和闡釋，敘述了現代性的根源與發展趨向，因而他們成為資產階級革命的先導者。

——傑弗遜、華盛頓等人聽到了北美英屬殖民地人民要求自由、民主的心聲，他們講著一種不同以往的新話語，不是拿起筆就是拿起槍投入捍衛自由的戰鬥，因而成了美利堅這個新國家的奠基者。

——馬克思、恩格斯聽到了資本主義社會進程中的內在矛盾和無產階級要求社會公正的呼喊，他們對資本主義社會的基本矛盾和發展規律

進行了科學的分析，從而創立了作為無產階級革命思想武器的馬克思主義。

——以毛澤東同志為代表的第一代中國共產黨人聽到了發自半封建半殖民地舊中國底層人民的聲音，他們讓世界聽到了中國人民的呼聲或話語，因而他們領導中國人民進行了偉大的新民主主義革命，建立了獨立自主的新中國。

——以鄧小平同志為代表的第二代中國共產黨人聽到了中國人民希望社會發展的願望被壓抑而形成的悶雷聲，因而他們開啟了改革開放和建設中國特色社會主義的偉大進程，講出了「發展就是硬道理」的新話語。

——以江澤民同志、胡錦濤同志為代表的中國共產黨人聽到了改革開放和中國特色社會主義建設進程中出現的風雲變幻之聲，因而他們抓住了一個個新機遇，解決了一系列新問題，提出了一系列新話題，不斷把中國特色社會主義推向新階段。

無論你是否聽到，時代的聲音都在歷史的時空中迴蕩。中國共產黨自成立以來，與民族共命運、與人民同呼吸，傾聽時代呼聲，與時俱進，在社會主義革命和建設等方面取得了輝煌的成就。但是，長期執政也讓一些人精神變得懈怠，黨內出現了慵懶散奢等不良風氣，官僚主義橫行、形式主義氾濫；有些地方遠離社會實際，脫離人民群眾，感受不到時代性問題，聽不到人民的呼聲，只是在辦公室清談接著清談，擺擺龍門陣，侃侃大山，最後就是不幹實事，或幹了一些不著邊際的事；也有些人不調查不研究，習慣於講空話、講套話、講大話，寫八股式官樣文章、寫泛泛而談的應景文章、寫無病呻吟的表面文章，在陳舊的話語之中打轉轉。

以習近平同志為核心的中央領導集體帶頭改學風、改文風、改會風、改政風，講平實的話，講實事求是的話，講「衝破思想觀念的障

礙」的話，講「突破利益固化的藩籬」的話，杜絕形式主義、杜絕官僚主義。這是我黨實事求是思想路線的強勢回歸，更是進一步深化改革開放的新信號，也是我們黨進一步解放思想的重要風向標，使話語方式改革和話語體系創新進入了嶄新的階段。

要真正了解社會問題、悉心傾聽時代的聲音、掌握時代話語，就必須堅持實事求是的思想路線，自覺地投身到中國特色社會主義的偉大實踐之中。人是通過自己的實踐活動解決問題的，但是人的實踐活動也會產生出新的問題。循環往復的問題不斷產生和解決的過程就是人類社會的演化過程。問題和解決問題的辦法都存在於實踐之中。不到火熱的實踐生活中去，只能講沒有實際內容的空問題；停留在紙堆和筆墨裡的問題，只能是隔靴搔癢的虛問題；拍腦袋拍出的問題，往往只是一些不著邊際的假問題。只有在實踐中，才能發現真問題，才能聽到時代的聲音，才能發出時代的強音。「空談誤國，實幹興邦」講的就是這個道理。

要真正了解社會問題、悉心傾聽時代的聲音、掌握時代話語，就必須堅持群眾路線這一根本的工作路線。從群眾中來，到群眾中去，是中國共產黨的領導方法和工作方法，也是我們永葆活力和克敵制勝的法寶。從群眾中來，到群眾中去，是同「從實踐中來，到實踐中去」的認識過程完全一致的。所有真實的社會問題都存在於人民群眾日常生活和社會實踐活動之中，因而人民群眾對時代性問題的感受也就最深切。「天視自我民視，天聽自我民聽。」能夠傾聽群眾聲音，才能把握時代的脈搏、緊隨時代的步伐。過去，中國人民盼望民族獨立、人民解放，中國共產黨人聽到了人民的呼聲，帶領全國人民取得了革命勝利，建立了新中國。中國人民要求經濟發展，我們黨又帶領全國人民開創了中國特色社會主義和改革開放的偉業。在新時期，習近平總書記指出，我們的人民熱愛生活，期盼有更好的教育、更穩定的工作、更滿意的收入、

更可靠的社會保障、更高水平的醫療衛生服務、更舒適的居住條件、更優美的環境，期盼著孩子們能成長得更好、工作得更好、生活得更好。人民對美好生活的嚮往，這就是時代的聲音，就是我們共產黨人的責任和奮鬥目標。

要真正了解社會問題、悉心傾聽時代的聲音、掌握時代話語，就必須改進我們的工作作風，端正我們的學風，改進我們的文風。我們要通過轉變作風、端正學風、改進文風，把學習宣傳貫徹十八大精神引向深入，把面向問題解決問題的風氣發揚光大。判斷落實情況好不好的標準，就是老百姓提出的問題有沒有得到解決。大家對空話、套話、假話都不滿，但又很難改。為什麼？這說明一些同志的思想已經僵化了，有了某些框框或藩籬。實際上，文風不僅只是表達方式，而且它反映著人們的思維方式，即能否以清晰明白的語言實事求是地表達現實社會問題和我們關於這些問題的觀點和看法。我們應該實事求是地思考問題、理解問題，也應該實事求是、直截了當和清楚明白地表達我們的觀點和看法。改革開放是一次偉大的思想解放運動，我們改變了過去「文革」式的話語方式，從而解放了全黨和全國人民的思想，取得了中國特色社會主義建設舉世矚目的成績。現在，中國的改革開放已經進入了攻堅克難的階段，中國的發展也站在了新的歷史起點上，我們應該進一步改變已經不適應時代需要的話語方式，改進我們的文風和話風。我們要講清楚明白的話、講有用的話、講有內容的話，我們要寫簡潔明快的文章、寫言之有物的文章、寫清楚明白有說服力的文章、寫抓住中國科學發展問題實質的文章、寫切實推動中華民族偉大振興的文章。

總之，在新時期，我們要堅持實事求是的思想路線，深入社會現實、深入群眾，改進我們的工作作風。實現中華民族的偉大復興是中國的最大問題，是全體人民的夢。有夢是美麗的，有夢就有了希望。但是，只有夢還是不夠的，我們不能停留在夢境之中，我們還必須面向實

際問題，傾聽時代的聲音，提出反映時代要求的話語，在解決現實問題上邁出堅實的步伐。在新時期，我們要觀四海雲水，聽五洲風雷，解決中國問題，心繫中國夢！

第二節　話語權事關合法性

　　西方媒體和輿論總是把印度說成是「最大的民主國家」，美國前總統歐巴馬和印度總理莫迪會面時，也說什麼加強「兩個最大的民主國家」之間的合作，等等。另外，西方媒體也把香港的反對派說成是「泛民主派」，而把維護基本法的黨派說成是「建制派」，我們許多媒體也在無意識中接受了這種說法，這就落入了人家為我們設定的「話語陷阱」之中。殊不知，這種說法本身就是一種價值觀操作，其目的就是把中國排除在「民主國家」的行列之外，使人們形成中國是非民主國家的價值判斷。這樣的一系列價值觀操作就構成了西方主導的話語體系，一旦形成這樣的話語體系，還沒有開始對話，中國就已經被置於消極的價值判斷的陰影下；在對話過程中，我們就不得不為自己被命名規定的弱勢地位進行被動的解釋和辯護，而這種解釋和辯護往往在話語邏輯上就使自己處於一個「嫌犯」的位置，已經矮人一頭了。

　　與「人權」「自由」等價值概念一樣，「民主」是具有二元對立或定性的價值概念。一旦命名，就會形成民主或非民主、自由和不自由、尊重人權或不尊重人權的評估或判斷。我們必須千方百計地擺脫西方的話語操作，避免落入他們的話語陷阱之中。我們不僅要批評西方的民主的虛妄性，而且一定要闡明我們國家的民主性質，要認真對待民主價值的命名權，爭奪民主價值觀的話語權。

　　首先，我們要認識到西方的民主只是民主在當下歷史條件下的一種歷史形態，是歷史的種種表現形式，而不是民主本身。當下西方的民主形態是二十一世紀發達資本主義國家的制度體現，其本質仍然是維護資本利益的有效機制。例如，美國的利益集團和說客制度，成就的是或隱

或顯的資本操縱的現實。例如，對外的擴張顯然是與軍工系統的推動有關，而在軍費增長的背景下卻減少富人巨資的稅負，所造成的金融危機卻讓人民來承擔。另外，我們也必須認識到，西式民主在不同的國家也有著非常不同的表現形式，如美國的民主不同於英國，而英國的民主也不同於法國，法國的民主也不同於瑞士。美國的總統制顯然與英國的議會制民主不同，在美國和法國都可能出現總統的黨派與國會多數派不一致的現象，而在英國內閣必須是占多數或聯合成多數的黨派來執掌。西方民主都不是一致的，憑什麼要用他們的民主標準來判斷世界各國的民主非民主的分野呢？

其次，我們要認清西方的民主形式並不適合其他文化背景和不同歷史發展條件的國家。力圖推廣西方民主的「阿拉伯之春」最終演變成為令人失望的冷酷的寒冬，「茉莉花」革命不僅沒有得出積極的果實，反而導致了更多的血腥屠殺和極端主義的興起及蔓延。按照西式民主安排的泰國民主嘗試，不能很好地治理泰國的問題，卻在經歷了「黃衫軍」和「紅衫軍」輪番上陣的街頭民主之後，最終用軍政府的強權方式獲得社會的安寧。事實告訴我們，一個國家如果沒有穩定和秩序，不僅難以享受民主成果，其結果甚至與文明進步的目標背道而馳。

再次，我們要確認中國的政治制度是屬於民主制度範疇的，我們的民主制度是真實的、有效的民主。中國的人民代表大會制度就是當代中國的民主制度，在這種制度下我們的人民代表不僅按人數比例選舉代表，而且讓中國的各個民族、各個階層都有自己的代表參與國家事務的協商和決策，實現了國家領導人依據制度設計換屆，並按照選賢用能的原則把一批又一批的領導者推到各級領導崗位上。我們的制度能夠保證像胡錦濤同志、溫家寶同志等這樣出身普通家庭的領導者走向最高權力崗位，我們的制度也能夠選出像習近平同志、李克強同志這樣為民務實的領導者，他們都在農村作為農民勞作實踐多年，也在基層各級崗位上

得到鍛鍊成長。不像在某些國家，儘管也有民主之名，結果卻在資本和利益集團的運作下，只能在某幾個有勢力的政治世家中選擇領導者。當然，我們的民主制度也在發展過程中，仍然有很大的改善和提升空間。但是，試問世間有什麼樣的民主制度就達到了盡善盡美的狀態？西方民主不是也在歎息不斷出現的無效化，甚至出現低劣化的問題！

最後，要論證我們的民主制度是最符合中國歷史發展實際的民主，也是最有利於中國人民根本利益的民主形態。民主的目的不是為了民主的某種形態或形式，而是為了社會協商和社會善治。有些被吹噓的冠冕堂皇的民主制度，實際上只是把民主窄化在政治領域，而在政治領域人民的民主權利也往往只是週期性地投票而已，投票也落得只是在根據資本和利益集團運作規定了的有限範圍內做選擇罷了。中國的民主不僅是政治的，而且涉及經濟、文化、社會等各個領域；中國的民主不僅只是投票權而已，而且還是對經濟、政治、文化、社會各領域中廣泛問題的民主協商；中國的民主不僅是國家政治運作的層面，而且還是在基層社會各國方面的民主實踐——我們的民主以群眾路線的方式落實在各個領域及各個層面。正是有這樣廣泛的、深厚的民主制度安排和民主實踐，中國特色社會主義才得以激發了全社會的活力，調動了最廣大人民群眾的積極性，使社會迸發出前所未有的創造力，讓中國如此一個大國在短短幾十年的時間就取得了迅速崛起的奇蹟。如果我們缺乏民主、自由和人權，我們能有如此的社會活力嗎？這就是為什麼我們必須有自己的道路自信、理論自信和制度自信。

總之，環顧全球，我們必須認識到，這個世界存在著各式各樣的民主嘗試，我們的民主也是真實的、有效的民主形態，西方的民主制度只是這些嘗試中的一類嘗試罷了。由此而言，我們必須理直氣壯地對世界說，中國才是最大的民主國家。中國不僅是最大的民主國家，還是民主治理比較廣泛而又有效的國家。由於我們是人口最多的國家，如果我們

不認定自己是最大的民主國家，我們就等於承認自己是不民主的國家了。

第三節　新媒體與話語變革

在中國經濟高速發展，生產力特別是資訊技術也在發生革命性變化，這些變化都在深刻改變著中國的社會結構、人們的生活方式、思想意識和話語表達。例如，基於網路的新媒體就已經改變了人們的交往、溝通和交流方式，目前處於無人不網、無處不網、無時不網的狀態，我們必須關注新媒體發展帶來的新問題。

首先，過去高位引領的傳播方式已經讓位於網路互動式的傳播方式，這就使得價值觀傳播越來越多樣化了。過去的媒體傳播是專業性質的傳播，更具有組織性，要經過仔細的篩選和優化調整，以便達到傳播的最佳效果。這種傳播方式更能體現主流社會的價值觀取向，更能反映國家意志。但是，現在的移動終端所形成的自媒體現象，傳播越來越是大眾互動式的傳播，傳播變得越來越具有自發性、隨意性，資訊呈現碎片化趨勢，反映的往往是不同人群的即時感覺。

第二，過去的傳播往往因資訊的核對和資訊內容表述地再組織，可以形成一定的冷卻機制，現在的傳播往往是即時的、同步的，具有很強的時效性，但也容易變成促進事態進一步發展的因素。這就是說，資訊的傳播本身成為事件發展的內在動力，過去傳播的價值觀引導往往讓位於傳播本身引導著價值觀的嬗變與生成。這種變化的積極方面就是促進了思想文化的不斷豐富和更新，但也對文化的連續性和社會的穩定性造成不小的負面影響。

第三，過去有組織的自上而下的傳播正在讓位於每個人率性的資訊發布，這大大體現了社會交往和資訊交流的民主性，但也在削弱社會共識的達成能力。在社會結構和文化範式的快速轉型之中，人們的價值觀

或思想取向發生某種不確定的漂移，這種漂移因為自媒體的表達進一步得到強化。人們的生存狀態差異造成了人們思想意識和價值觀的差異，這種差異的率性表達使這種差異得以進一步顯現。正因如此，中國人的確比過去富裕了，但似乎心理卻不像原來那麼寧靜了，話語表達不那麼連貫了。

總之，新媒體使人們的生活變得更加便捷、更加豐富、更加具有自主性了。但是，同時也讓社會意識出現碎片化的現象，這種碎片化如果僅僅是價值觀的差異化，還是可控的，但當這種價值觀差異出現相互對立而形成極化的時候，社會共識就會成為犧牲品。沒有社會共識，一個國家就不能成為一個整體。習近平總書記在主持中共中央政治局第十三次集體學習時強調，我們要「把培育和弘揚社會主義核心價值觀作為凝魂聚氣、強基固本的基礎工程」。[2]這就是說，對於現代社會而言，共同的價值觀和共同的話語方式都是非常重要的，是必不可少的。共同的「價值觀之所以重要，是因為它們將國家和民眾凝聚在一起。它們幫助定義一個社會所支持和所反對的東西。」[3]「培育和弘揚社會主義核心價值觀，有效整合社會意識，是社會系統得以正常運轉、社會秩序得以有效維護的重要途徑，也是國家治理體系和治理能力的重要方面。歷史和現實都表明，構建具有強大感召力的核心價值觀，關係社會和諧穩定，關係國家長治久安。」[4]

那麼，我們怎樣在新媒體環境下培育和弘揚共同的價值觀，達成社

---

2 習近平：〈把培育和弘揚社會主義核心價值觀作為凝魂聚氣強基固本的基礎工程〉，《人民日報》，2014年2月26日，第1版。

3 格拉特‧哈丁著，葛鳴譯：〈歐洲人之謎〉，《國外社會科學文摘》2012年8月號，頁24-25。原載美國《外交政策》2012年1/2月號。

4 習近平：〈把培育和弘揚社會主義核心價值觀作為凝魂聚氣強基固本的基礎工程〉，《人民日報》，2014年2月26日，第1版。

會共識，形成共同生活敘事呢？

　　首先，我們要積極介入自媒體，有意識設立討論話題，如經濟社會發展，文化的進步等等，這可以提振民族自信心。在英國劍橋大學政治與國際西學院高級研究員馬丁・雅克說，「近年來，世界經濟的重心開始向發展中國家傾斜。對發展中國家而言，同中國的經濟往來變得越來越重要。中國是很多發展中國家最大的交易夥伴，也是發展中國家的轉型推動器。很多發展中國家都將中國視為學習的榜樣以及未來的目標。」[5]

　　其次，讓許多身邊的模範人物運用自媒體，談身邊的事，因小見大，一滴水見太陽，從點滴之間反映人性的力量。榜樣的力量是無窮的，廣大黨員、幹部必須帶頭學習和弘揚社會主義核心價值觀，用自己的模範行為和高尚人格感召群眾、帶動群眾。

　　再次，要學會少用大概念，多用人間生活話語；少講抽象的大道理，多講生活世界的故事，只有這樣才能打動人民群眾的心扉，引起他們的共鳴。人民的日常生活，看似不起眼，但卻承擔著歷史的存在與發展，人們養兒育女的操勞、油鹽醬醋的安排，才是人性的基礎，在這裡有文化的源泉，有價值觀的真正體現。

　　最後，在制度上鼓勵積極因素，批評負面意識，形成正能量，取得揚善抑惡的效果。正如習近平總書記強調的，要切實把社會主義核心價值觀貫穿於社會生活方方面面。要通過教育引導、輿論宣傳、文化薰陶、實踐養成、制度保障等，使社會主義核心價值觀內化為人們的精神追求，外化為人們的自覺行動。要潤物細無聲，運用各類媒體形式，生動具體地表現社會主義核心價值觀，用高品質高水平的作品形象地告訴

5　馬丁・雅克：〈中國夢蘊含自信心〉，《人民日報》，2014年2月21日，第3版。

人們什麼是真善美，什麼是假惡醜，什麼是值得肯定和讚揚的，什麼是必須反對和否定的。要用法律來推動核心價值觀建設。各種社會管理要承擔起倡導社會主義核心價值觀的責任，注重在日常管理中體現價值導向，使符合核心價值觀的行為得到鼓勵、違背核心價值觀的行為受到制約。

第四節 黨的統戰工作的環境變化與話語創新

　　統一戰線是我們黨在進行長期革命鬥爭和建設工作中取得勝利的法寶，也是不斷完善和發展中國特色社會主義，保持中國共產黨長期執政的需要。習近平總書記在中央統戰工作會議上講話強調，要深入研究統戰工作面臨的形勢，扎紮實實做好統一戰線各方面工作，鞏固和發展最廣泛的愛國統一戰線，為推進「四個全面」戰略布局，為實現「兩個一百年」奮鬥目標、實現中華民族偉大復興的「中國夢」，提供廣泛的社會基礎和積極力量。

　　從問題導向的思維出發，我們思考統一戰線的工作必須基於工作環境的變化。實際上，三十多年的改革開放，已經使中國社會發生了深刻的結構性變化，這些變化對我們黨的統戰工作提出了新的更高的要求。

　　首先，中國社會的發展大大改變了過去中國城鄉二元差別的社會結構，城鎮化迅速推進，城市人口已經超過了農村人口。城鎮化的一個突出特點，就是人口的高度聚集，過去農村分散的生產和生活都在變成城鎮中人們居住、工作和生活在空間上的日益集中，這就造成人們之間交往範圍和頻度大大地擴展，人們交往的強化又必然使人們的思想日益活躍。城鎮化不斷擴展著人們的視野，提升著人們的文化素養，人們的主體意識和個性追求越來越顯著。這必然擴展統戰對象的人群範圍，增加統戰工作的複雜性和工作強度。

　　第二，中國社會的發展使社會分工日益細化，新的領域和職業不斷湧現，新業態及其新的工作方式改變著原來人們對職業和工作的理解，這不僅使公民的職業分化日益繁雜——軟體程式設計員、電子商務、資

料分析師、網站「小編」⋯⋯如此等等（往往都是幾十年前聞所未聞的行業），而且使不同職業的人們之間的利益差異日益多樣化，不同人群的關注差異和視角差異日益微妙。在這種情況下，統戰工作的複雜性和多樣性就成為比較明顯的變化。

第三，中國社會的發展使人們的受教育程度大幅提高，截至二〇一四年，中國的高等教育毛入學率達到百分之三十七點五，知識分子人群有了結構性的迅速增加，有博士學位和高級職稱的教師、科學家、學者、藝術家越來越多。知識分子是社會中思想最活躍的人群，也是輿論議題設置的主體。知識分子數量的增加不僅是量上的變化，量的增加也帶來知識分子內部的分化和相互激發，每個人的獨立意識和自主意識因相互之間的群體影響而強化，並且越來越成為新常態。學科分化、研究領域的擴展、知識更新速度的加快以及學者或知識分子數量的增加，都是原來比較清晰的代表人物的圖景變得日益模糊，不僅不同的知識領域的話語權力不斷此消彼長，而且同一個領域的學術影響力也迅速轉移或交替。

第四，中國社會一個重要的發展標誌就是國際化程度越來越高，中國已經深深地捲入進經濟全球化的進程，不僅成為第一大貨物貿易國，也是出國留學人員輸出最多的國家，中國人到國外旅遊休閒也已經成為「尋常」之事。在這種情況下，國際上的任何思潮和文化變化都會很快影響到國內，不僅有西方借助其強勢文化推廣的所謂價值觀和話語體系，而且原教旨主義、極端主義和恐怖主義思想也不可避免地會影響到國內。這給統戰工作提出的新挑戰，從廣度和深度上來說，與過去相比都是不能同日而語的。

第五，中國社會的發展已經弱化了社會成員的地緣紐帶和單位功能，不僅使社會從熟人社會變成陌生人社會，而且使每個人的權利意識大幅提升。選擇職業和謀生手段的可能性和自由空間的擴大，使人們越

來越獨立於自己的「工作單位」，過去分塊分條的統戰工作已經難以適應現在的社會現實。原來哪個單位出了問題，可以採取「誰的孩子誰抱回去」的方式；現在，不僅存在著「不知是誰的孩子」的現象，而且也出現了自家的孩子也無法抱回的現象。

第六，中國社會的發展包括網路化和新媒體的崛起，中國的線民數量已經攀登上全球第一的高點。網路化使各種資訊在全球範圍內幾乎毫無障礙地瞬間流通，而且資訊技術的自媒體化完全顛覆了過去報紙、電臺、電視臺的編輯權利，這讓輿論場發生革命性的變革，形形色色的「圈子」或「群」扮演著資訊傳播和溝通的工作。人們不再像過去那樣，看同樣的報紙，聽同樣的廣播，看同樣的電視，現在人們的資訊源的差異幾乎是難以描述的，這不僅增加了協商的廣度，而且也提高了形成共識的難度。

以上中國社會的巨大變化成為我們黨統戰工作的大背景，這就要求我們必須在繼承過去統戰工作優良傳統的基礎上，不斷創新統戰工作的方式，拓寬統戰工作的管道，完善統戰工作的方法。我們的統戰工作必須適應社會的新變化，尋找達成共識的新資源，體現統戰工作的時代特徵。

首先，統戰工作比過去更重要了，這不僅是因為作為統戰工作的對象的人群數量大大增加了，而且在於統戰工作對象的類別也越來越繁多。越是社會分化，越是多樣化，就越需要統一戰線。統戰工作的前提就是人們的分化和差異，統戰工作的實質就是把「多」按照協調、協調、共存的方式達成共識或納入社會發展的共同進程之中。所謂統一戰線的目標，並不是要把差異變成一致、把「多」變成「一」，而是讓差異之間實現有協同前進的框架，有差異中的核心共識。

其次，統戰工作的作用更有價值了，這不僅是社會的分化和利益差異需要尋找形成共識的協商框架和共同利益基礎，而且也是動員全體中

華兒女積極投身全面建成小康社會、實現中華民族偉大復興中國夢的歷史進程的需要。社會發展必然是分工越來越細，但怎樣分化也不能損害社會整體的有機性；社會分工是為了提高效益和增加財富和文化的多樣性，這不是為了讓不同的部分相互對立，反而恰恰是為了社會的整體豐富性。文明進步必定是讓每個人都能夠越來越得到自由的發展，但怎樣進步也不是讓所有人孤立自在；社會自由是為了每個人的自由發展成為其他一切人自由發展的條件，這不是讓一部分人優越於其他人，反而是讓所有人都能夠按照天賦和個性活出自己的精彩。這就需要統一戰線，這就需要協商，這就需要協調一致的步調。就此而言，社會越是發展，文明越是進步，也就越是需要統一戰線。

最後，統戰工作必須有新的路徑和方式，才能適應不斷發展變化的社會。譬如，在社會新階層新群體不斷增加的情況下，我們必須開拓擴展統戰工作的領域，實現統戰工作的新覆蓋和全覆蓋。又如，由於工作單位功能的弱化，我們就要增加在社會領域進行統戰工作的強度，而社會領域的公共領域的特徵，就需要我們以更加平等、更加包容的方式進入工作狀態。再如，由於知識分子群體的大幅增加，代表人物越來越易變換更替，我們就要從原來更多地做少數精英工作轉向更普遍地做群體性黨外知識分子的工作。還如，由於經濟全球化和國際化環境的變化，我們的統戰工作就必須從原來更多強調「內外有別」轉向關注國內國外兩個大局，根據國際國內兩方面的需求，整體地、綜合地思考我們的統戰工作戰略和策略。另外，由於資訊化、網路化和新媒體的發展，公共領域有了新特徵，出現了更多基於職業、興趣、價值觀的公共領域或「圈子」，這就需要我們創新話語體系和工作方式做更加具有普遍性、更加深入細緻的人的工作，增強統戰工作的網路思維和系統性。

第五節　關於改進話語方式和概念術語策略的建議

毋庸諱言，由於網路和新媒體的出現，現在黨和政府及主流媒體話語的公信力和影響力的確存在進一步逐漸減弱的危險。這裡邊既有複雜的社會分化和利益多元化的客觀原因，但也有我們在政治生活和公共領域中話語方式和概念術語落後於社會發展和時代要求的原因，許多話語和屬於顯得越來越不合時宜。落後於時代要求而不能滿足社會要求的話語方式有許多表現，例如：（1）八股化：講話和寫文章有許多套話、空話，讓人感覺千文一面，每句話似乎都不錯，但都是「正確的廢話」，沒有一句話管用，缺乏針對性；（2）講話和寫文章總想面面俱到，但談什麼都蜻蜓點水，什麼也沒有講透、講深、講清楚；（3）講話和寫文章心裡沒有人民群眾，而只是「說話」「寫文章」，一言以蔽之就是做表面文章而已；（4）缺乏全面而慎重的考慮，使用了許多不合時宜的概念術語，有些甚至是作繭自縛，或者落入了西方話語的陷阱之中，讓自己無意之中落入負面的位置。

為了牢牢掌握社會輿論的主導權，擴大主流思想和價值觀的影響力，我們必須轉變我們的文風，改善我們的話語方式，完善和重構我們的概念術語。

首先，要改變文風，增強話題的設置能力，提高我們的話語影響力，就要儘量減少套話和空話。改文風是一件嚴肅的事情，絕不只是改變一下說話方式和敘事方式，更不是僅僅換換說話的詞語和口氣，儘管優化敘事方式、更新詞語和改進說話的調門都是有益的，有時也是必要的。改文風首先要轉變看問題的方式，而看問題的方式是我們世界觀的

體現。譬如，我們在寫東西和講話時，是從實事求是、求真務實的立場出發，講真話、講實話，還是從概念到概念、從理論到理論地講空話、套話，這顯然反映不同的世界觀和認識論。我們要提高理論話語的時代穿透力和社會解釋力，在沒有弄清楚時要少說，說話就要說有用的話。沒有用的話，儘量少說；說一些無用的話，還不如不說。

其次，要改變文風，提高我們的話語影響力，最好集中主題，加強議題的針對性。這就是說，說話寫文章要有什麼事就講什麼事，有什麼問題就說什麼問題，有什麼想法就表達什麼想法，而不要不分場合地講究系統、全面，應該一事一議，而不能什麼事情都從頭講起，講它的方方面面。希望各級領導能夠帶頭講短話，講有針對性的話，尤其是講針對某一突出問題而能夠切中要害的話，而不要每次都講處處都「具有普遍指導意義」的話，不要次次都講「全面系統」的話，這種話語可能講一次還湊合著有點意義，但多了必定造成「審美疲勞」，再多了就會產生膩歪的感覺。

再次，要改變文風，提高我們的話語影響力，就要善於講群眾關心和能夠理解的問題，為此就要善於從人民群眾那裡學習在他們生活中湧現的鮮活話語。我們要學會把馬克思主義理論和我們倡導的價值概念用群眾的實際生活語言和實踐敘事方式表達出來，讓概念的理想通過人民的生活故事顯現出來。我們不能重複赤裸裸的概念本身，這就像油和鹽，它們可以調出味道鮮美和富有營養的菜餚來，但我們不能讓人直接吃鹽、喝油。另外，我們講話或寫文章，是僅僅對上級領導負責，還是從對人民群眾負責的角度看，是把人民群眾當做主人翁還是當作教育的對象，這顯然基於不同的世界觀和歷史觀。不同的世界觀和歷史觀必然帶來不同的話語方式。當一個人認為自己比群眾高明時，他不會說出讓人民群眾感同身受的話語。當我們內心真正把人民群眾當作歷史的真正創造者和社會的主人時，我們的話語方式就必然會發生改變。因此，我

們要學會用群眾的語言講話寫文章，向群眾解釋政策、宣傳理論。

最後，要改變文風，提高我們的話語影響力，就要清理我們日常大量的不合時宜的概念和不太準確的術語。我們還常常無意識地跟隨了西方的表達方式，譬如，有些媒體稱西方發達國家為「西方民主國家」，稱印度為「最大的民主國家」等，這似乎說我們就是不民主的國家。我們輕易地把「民主」的旗幟和招牌讓給別人了，殊不知在國際「輿論場」內「民主」是一個非常積極的詞語，誰與之連繫在一起就獲得許多「資本」或「軟實力」。當我們把這個榮譽拱手讓給對手的時候，我們卻在話語體系之內把自己置於需要不斷為自己辯護的尷尬境地，而那些佔領中環和衝擊駐港部隊營地的人反而卻成為「民主」的。英國人從來不讓港人選舉總督，這些人也不佔領中環，現在中央考慮讓他們直選了，他們卻鬧起來。顯然，他們才是反民主的派別。

我們必須重新梳理我們的一些概念詞語，開展正名活動。實際上，我們有我們的民主制度性安排，即中國的人民代表大會制度和政治協商制度，這種民主不僅限於政治選擇的投票，而且體現在經濟、政治、文化和社會方方面面。同樣地，我們也時常無意識地跟著西方的話語界定，稱西方國家為「自由國家」，甚至時常在批評他們的新聞政策時說他們鼓吹「新聞自由」，似乎我們就反對新聞自由或者我們是缺乏自由的社會。實際上，這樣說時恰恰遮蔽了中國社會民眾日常生活的巨大的自由度。見過西方國家如美國員警執法的人，就知道了西方國家自由的界限是非常嚴格的。有些青少年手拿玩具槍被員警擊斃，這顯然是對美國自由度的明確的規定。我們也不能簡單地跟著西方說西方國家「新聞自由」，實際上他們的新聞往往建立在偏見基礎上的，至少是「自由」地有偏見地選擇性基礎上的。西方新聞的雙重標準是眾所周知的，同樣的事情如果發生在不同的地方他們會給出不同甚至相反的判斷。西方的所謂「新聞自由」，有時也往往墮落成為一種缺乏責任感的偷窺癖，英

國最近制定了對新聞監管的制度，就是對這種自由的反撥。另外，我們的主流報刊總是批評有人鼓吹「西方的普世價值」。筆者覺得，這種表達也容易陷入西方話語的陷阱，似乎他們的價值就是「普世價值」。西方的價值觀實質上也是特殊的地方性價值，由於他們的階級偏見反而是更狹隘的，只是他們自稱具有普世性而已。我們要把重點放在揭露西方價值的「非普世性」或「片面性」上，而不是直接批評普世價值，顯得我們好像不願意入人類文化的主流似的。

　　總之，在網路和數字媒體時代，國內輿論場已經與國際輿論場融為一體。我們既要改進我們的文風，也必須謹防無意之間陷入西方話語的陷阱之中，跟著他們的話語邏輯，卻缺乏重構話語概念的能力，讓我們自己陷於被動之中。

第二章　話語權與國際治理體系

國家話語權權事關重大，不僅有關國家的安全，而且對國際治理體系建構有重要的影響。在國際輿論場，誰掌握了話語權，誰就掌握了國際治理的主導作用。

第一節　中國有權發展保護自己安全的軍事力量

最近這些年，在西方不斷有一波波所謂中國「威脅論」的論調反復出現。美國前國防部長拉姆斯菲爾德就曾經指責中國：在沒有明顯威脅的情況下，為什麼如此快速地提高自己的軍事預算。美國前參謀長連繫會議主席馬倫曾經說，中國的殲—20隱形戰鬥機、東風—21D反艦彈道導彈、航母建設計畫似乎都是針對美國的。更加可笑的是，中國在吉布地建海軍補給基地，西方國家也指手畫腳。每當聽了這些話，都讓人覺得很可笑。美國的政界人物似乎應該想想，美國已經是世界上擁有最先進的軍事技術和武器系統的超級大國，擁有最龐大的軍事預算和布局全球的軍事基地，在自己陷入金融危機且有巨額債務的情況下，為什麼每年仍然安排如此巨額的軍事開支，其軍費比其他大國軍費的總和還多。說中國沒有威脅，鬼才信，美國多次派遣航母編隊的艦隊遠離自己的本土到中國的近海游弋，中國人民能覺得舒服嗎？中國在自己的領土和領海範圍內提高守衛能力卻引起非議。這不就是只許州官放火，不許百姓點燈嘛！

近幾十年來，中國不斷推進改革開放，中國人民通過自己辛勤的勞動不僅為中國的富強，也為世界的繁榮發展做出了很大的貢獻。如果中國像人們所說的是「世界工廠」的話，那麼中國可以說就是現在世界的耕牛、奶牛，勤勞節儉，吃的是草而擠的是奶。中國並沒有威脅到別人的安全，只是要保證自己安全地發展生產和生活水平的環境。牛儘管是吃草動物，但為了自衛也長出了鋒利的角。近代以來，中國飽受如虎豹豺狼般的列強的凌辱，吃盡了苦頭。經過長期的浴血奮鬥，中國才獲得

了民族獨立。讓中國放棄武裝的想法，就好像是獅子、老虎藉口不容易吃牛了而指責牛為什麼長角。美國說自己要保持壓倒性的軍事優勢，為什麼我們不能有保護自己不受隨意侵犯的軍事力量呢？獅子給牛說，你不能長角，這影響我保持隨意宰割百獸的權力，牛能聽獅子的話嗎？在虎豹豺狼行走的草原上，牛能不準備用自己的角捍衛自己的生命嗎？

中國已經多次申明自己要致力於和平發展，但是和平發展不是不要國防，有了強大的國防才能保證我們和平發展的權利。實際上，要做到和平發展，必須堅定不移地根據需要提升我們的國防力量，這樣才能保護中國的安全，也才能維護世界和平。我們不能天真地認為只要我們主觀上和平發展，別人就尊重我們的選擇。更不能聽從手中握有大量武器的力量的支配，放棄我們自衛的能力。很簡單，不能獅子說牛不應該長角，牛就把自己的角卸掉。這個世界並不安定，而且面對複雜的局面，作為十三億人口的大國，必須有保衛自己和平發展的實力。

顯然，這裡是一個話語權問題。中國在盡力做好自己的事情時，西方人說我們搭便車，現在中國為世界和平特別是國家航道的安全盡自己的責任時，他們又說我們威脅國際安全了。世界格局已經發生了重大變化，西方人的雙重標準可以休矣！

第二節　中國夢與中國話語

　　習近平總書記指出：「實現中華民族偉大復興，就是中華民族近代以來最偉大的夢想。這個夢想，凝聚了幾代中國人的夙願，體現了中華民族和中國人民的整體利益，是每一個中華兒女的共同期盼。」實現中國夢就是實現中華民族的偉大復興，就是建立一個國家富強、人民幸福、文化繁榮、社會和諧、山清水秀的社會主義強國。在這個夢裡，勾畫的就是富強中國、民主中國、公平中國、和諧中國、美麗中國。中國夢就是中國人民的價值目標和追求，就是中華民族國家認同的理想前景。中國夢有什麼樣的內在特質，以什麼樣的形態展開？這是需要每一個中國人認真思考的問題。

一、中國夢的辯證張力

　　中國夢，既是歷代中國人追求國富民強和美好生活的夢，更是當代中國人鮮活的夢。這個夢曾經在一代代中國人頭腦中反復出現，後人不斷地延續且拓展著前人的夢想，這是歷史與現實之間的辯證法。中國夢是綿延不斷的，它是一代代中國人的追求，但是在不同的時代中國夢也是有內在內容的側重和表現形態差異的。在古代中國，中國夢大概都是追求國泰民安，人民希望安居樂業。在近代以來，中國夢就是人民希望民族的獨立、國家的統一、社會的進步、生活的富裕。在民國初期，中國夢大概是擺脫西方列強的控制，結束軍閥混戰的局面，實現中華民族的完全的獨立。在抗日戰爭時期，中國夢則是驅逐入侵的外敵，捍衛民族的獨立，讓中華文化得以延續。新中國成立之後，中國夢則轉向社會

的發展和趕超世界先進水平，「超英趕美」成為我們的夢想。改革開放初期，我們的夢想更多地仍然是儘快發展生產，讓人民擺脫貧窮，「小康社會」就成為中國夢的符號。隨著改革開放和中國特色社會主義建設取得了歷史性成就，目前我們的中國夢則明顯地轉向了中華民族的偉大歷史復興，而且夢似乎越來越清晰、越來越接近實現的前夜。儘快看到「夢想成真」是當代中國人內心的激動的力量源泉。

　　中國夢，既是縈繞著每個中國人心頭的夢，也是大家共同的夢想。這個夢是億萬個夢想編織在一起的夢，是許多夢想色彩相互映照的夢，這是集體與個人之間的辯證法。讓人人有「人生出彩」的機會，整個社會才更加多姿多彩。任何一個民族、任何一個社會、任何一個國家都是由一個個的人組成的，民族的夢想、社會的夢想、國家的夢想都是通過一個個具體人的夢想體現出來的。集體自身無夢，夢存在於個體頭腦之中，中國夢就是億萬中國人民的夢想和價值追求的總和。但是，人是社會關係的總和，離開了社會人無法按照人的方式生存。正如習近平同志指出的，「歷史告訴我們，每個人的前途命運都與國家和民族的前途命運緊密相連。國家好，民族好，大家才會好。實現中華民族偉大復興是一項光榮而艱巨的事業，需要一代又一代中國人共同為之努力。」每個人都有理想和追求，都有自己的夢想。但是，只有當每個中國人都做民族復興的夢時，中華民族的復興才有希望。這是中國人民之間的「主體間性」，正是這種主體間性構成了中華民族的文化認同，構成了中國人民的國家認同。與此同時，要構建人民之間的主體間性和認同感，國家就必須提供引領時代潮流的公共產品，就必須為所有人提供先進的價值理念，勾畫代表人類歷史前進方向的美麗前景，給每個人做夢的自由空間，讓每個人都有發展的希望，使每個人都懷有實現自我價值的「家國夢」，這才能激發每個人的愛國情，才能把眾人的夢匯成民族復興之夢。

中國夢，既是中國人民自主自覺的夢，也是在全球化背景下與其他國家相互參照的夢。這是「我們」與「他者」之間的辯證法。只有當我們做自己的夢時，我們才是有主體性的夢想者。如果我們做的是其他別的什麼夢，那麼我們就成為缺乏自覺意識、無主體性的「夢遊者」。中國的崛起，首先應該是中華民族思想的覺醒，是中國人民自我主體性意識和價值追求的覺醒，即中國人民自我主體性精神的萌發。中國曾經是自我主體性的夢想者，其夢想是自我理想的前景，這種夢境是中央王國禮樂四周的「天下」圖景。可是，近代以來，由於文化上和制度上的落後，作為我們自己的未來理想前景的夢境無法與現代性歐美的夢境相抗衡，人家的夢把我們從自我沉醉的夢境中驚醒，我們開始把別人的理想當作自己的未來前景。即使當毛澤東同志在天安門城樓上宣布「中國人民站起來了」之後，我們仍然難以真正自己勾畫自己的夢。我們曾經說過「趕英超美」，這就是把英美夢當作自己的未來前景；我們曾經說過「蘇聯的今天就是我們的明天」，我們把蘇聯的夢當作了自己的未來前景。我們一直在做夢，但夢的都是別人「後花園」的景色。即使我們想做自己的夢時，也在把別人的夢經過某種剪接當作自己的夢。我們失去了做自己夢的能力，我們缺少自己的價值追求，我們也就失去了自主想像的主體性。我們做別人的夢，缺乏自己自主的價值理念，也就沒有自己的理想前景。我們嘗試過各種夢，可大多都是噩夢或烏托邦的虛幻之景。照搬別人的路難以走通，因為「橘逾淮而北為枳」。我們必須走自己的路，我們在曲折徘徊中摸索、尋找，終於找到了自己的路，這就是中國特色社會主義的道路。走自己的路，追求自己的價值理念，我們才能做自己的夢。因此，習近平總書記告訴我們「必須牢記，道路決定命運，找到一條正確的道路多麼不容易，我們必須堅定不移走下去」。

中國夢，既是中華民族復興的夢，也是當代中國開放、發展、創新的夢。這是傳統與變革或曰變與不變的辯證法。不變的是堅持好的，變

得是要好上加好、越來越好。縱觀人類歷史，任何民族都是在相互借鑑中得到發展的。當我們敞開胸懷去吸納其他民族的優秀文化成果時，我們就蓬勃發展；當我們自我封閉或閉關自守時，我們就萎靡不振。在這個意義上，中國夢不能成為自我陶醉、自我封閉的夢。人往往通過他人來認識自己，民族也往往通過其他民族來反思自己。失去了相互參照的能力，也往往失去了自我認識的能力。晚清夕陽西下的黃昏之中，中國人看似還在做自己的夢。但是，這種夢不是未來的理想前景，而是對往昔輝煌的自我陶醉。全球化已經成為人類的現實，忽視這個現實就不是實事求是的態度。鄧小平同志訪問日本的時候，坐在日本的快線列車上說了一句話：「我們中國也可以有這樣的快車」，鄧小平同志借別人的景做了中國自己的夢，即小平同志的夢已經成真：中國的高鐵已經成為讓世界羨慕的典範。我們不能停留在往日的輝煌之中，我們必須發展。我們「必須牢記，落後就要挨打，發展才能自強」。要發展，就必須堅持改革開放。當代中國夢不是排外的夢，而是改革開放的夢，是與其他民族夢相互映照的夢。其他的夢給了我們許多的啟迪，啟動了我們民族內在的想像力和創造力；我們的夢也會給世界帶來許多新的色彩，讓世界變得更加姹紫嫣紅、多彩多姿。我們應該有自己的價值追求，但我們的追求不能脫離人類文明的大道，我們應該創造具有世界歷史意義的價值理念和理想前景。這樣的中國夢才是值得世界羨慕的夢。

　　中國夢，既是內在理想之夢，還應該是有行動能力的夢。這是理想與行動的辯證法，這也是現實與可能的辯證法。夢想的價值不在於總是「在夢中」，而是激發行動。沒有行動，夢永遠只能是夢。所以，我們「必須牢記，要把藍圖變為現實，還有很長的路要走，需要我們付出長期艱苦的努力」。真正的中國夢不僅僅是夢，那是中華民族未來偉大復興的理想藍圖和前景，那是中國人民的價值追求，那是有想像力和創造性的夢。正如習近平總書記說的，「空談誤國，實幹興邦。我們這一代

共產黨人一定要承前啟後、繼往開來，把我們的黨建設好，團結全體中華兒女把我們國家建設好，把我們民族發展好，繼續朝著中華民族偉大復興的目標奮勇前進。」夢在我們頭腦中，實現夢想的辦法就在我們每個人的雙手中。我們不能只做夢，我們更要把夢想變成現實。當然，有現實依據的夢才能成為現實。中國夢就是有現實依據可能實現的夢。我們夢想的目標是有現實依據的，是我們前進道路上依稀可見的前方的地平線。那就是習近平總書記指出的，「到中國共產黨成立一百年時，全面建成小康社會的目標一定能實現，到新中國成立一百年時，建成富強民主文明和諧的社會主義現代化國家的目標一定能實現，中華民族偉大復興的夢想一定能實現。」我們的先輩給我們奠定了良好的基礎，我們已經站在了歷史發展的新的起點，我們必須以崇高的歷史使命感和社會責任感投身到中華民族偉大復興的實踐之中，甩開膀子埋頭苦幹，用我們的雙手實現中國夢勾畫的理想目標。

總而言之，中國夢是每一個中國人的殷切願望和崇高的價值追求，是實現中華民族偉大復興的未來藍圖和理想前景。每個中國人都為這個偉大的夢想所吸引從而心潮澎湃，每個中國人也都為實現這個夢想而奮鬥從而豪情萬丈。中國夢構築著當代中華民族的精神家園，也熔鑄著中國人民的國家認同。所有的中華兒女都為這個夢想所感動，都為這個夢想的實現而奮鬥，我們的夢想就一定成真。誠如是，「一心中國夢，萬古下泉詩。」（宋代詩人鄭思肖詩句）

二、凝練表達中華民族偉大復興中國夢的中國話語

中國夢就是實現中華民族的偉大復興，這是近代以來歷代中國人的夙願，反映了中國人民希望國家富強、民族振興和生活幸福的共同心

聲。經由習近平總書記提出之後，得到國內外各界的廣泛關注和解讀。但怎麼樣才能使中國夢這個核心目標理念成為凝聚人民群眾、激發創新力量、推動社會發展的概念，仍然是擺在我們面前的重要任務。作為教育工作者和哲學社會科學研究者，我們必須認真尋找和提煉正確表達中國夢內涵與意義的話語方式。

首先，表達中國夢的內涵與意義必須基於中國的歷史傳統和社會發展現實，我們必須提煉出描述中國道路、反映中國力量、表達中國精神的中國話語。

中國夢是在中國的疆域中展開，其內涵是中華民族的偉大復興，因此中國夢的話語方式必須與中國的文化傳統相銜接。在神州大地和海疆上，一代代中國人用自己的歷史性活動創造了燦爛的中華文明。在中國的文化傳統寶庫中，有豐富而深邃的哲學和倫理思想，有多姿多彩的文學藝術形態，有生生不息的民間文化，所有這些都是我們提煉新時代話語的前提資源。

中國夢的實現有賴於中國特色社會主義道路的成功，因此中國夢的話語方式必須反映中國特色社會主義的偉大實踐。依靠「中國力量」即中國人民走出了一條「中國道路」即中國特色社會主義道路，創造了舉世矚目的「中國奇蹟」，因此表達中國夢的話語也應該是「中國話語」。中國已經成為第二大經濟體，第二大貿易國。改革開放初期的一九七八年，中國的人均國內生產總值僅相當於美國的百分之四，而現在已經達到百分之二十左右。正如西班牙中國問題專家胡里奧・里奧斯指出的，「在不喪失自身特點的情況下，中國制定了適應、複製和模仿它認為好的東西的計畫，而不是盲目追隨。中國當年不希望成為蘇聯，現在同樣沒有必要希望成為美國。」「中國必須走自己的道路」，「中國夢是成為

中國自己。」[1]由此可見，表達中國夢的話語應該是用中國話語表達中國自己。

任何話語都不是天生就具有普遍的世界影響力，西方所謂「普世的話語」根本不是什麼普世價值，而本質上也是地方性知識的表達，其世界範圍內的影響是他們建構話語霸權的結果。我們已經過多地消費別人的話語，這容易讓我們失去自主夢想者的地位。正因如此，有些人曾經夢想「全盤西化」，有些人夢想「中體西用」。我們也曾經說過，「蘇聯的今天就是中國的明天」，我們要以大躍進的速度「趕美超英」。顯然，過去人們一直夢想實現振興中華民族，但卻在自己的夢境中剪接著別人家園中的景色。現在，我們成功地走出了自己的道路，就需要我們說出自己的話語，這樣才能成為自主自覺的夢想主體。作為自主自覺的民族共同體，我們必須重新掌握自己的話語權。

其次，表達中國夢的內涵與意義必須對接經濟全球化的世界格局和包容人類命運共同體，我們必須提煉出能夠讓世界理解的具有世界歷史意義的話語。

中國的發展是中國的成就，但也是世界發展的重要組成部分，中國的發展有利於世界的發展。如果說西方的話語是霸權話語，其本質就是要用自己的話語消滅並替代其他話語，那麼中國的話語則屬於和諧話語，其實質則是建立各話語系統之間的和而不同、相互交流的關係。中國夢是中國人民的追求，但也是為世界添彩的理想。

基於「協和萬邦」的歷史理念而構建和諧世界的中國夢，並不是要與其他的夢對立。中國夢的提出和實現，都會有利於世界其他夢想的實現。從經濟的互惠性質我們就可以看到這一點。中國的經濟發展不僅成

1　胡里奧‧里奧斯：〈「獨創性」助中國取得經濟成功〉，《參考消息》，2013年7月16日。

為拉動世界經濟的主要引擎之一，而且作為第二進口大市場仍然具有擴張的廣闊前景。另外，近十年來，中國對外直接投資的規模呈指數增長，這直接惠及對象國的經濟發展和就業。根據中華人民共和國商務部二〇一三年七月十八日發布的資料顯示，二〇一三年上半年中國累計實現非金融類對外直接投資四五五點七億美元，同比增長百分之二十八點七。目前，中國已經成為全球第三大對外投資國，這對促進世界經濟特別是發展中國家經濟起到重要的推動作用。因此，講述中國夢的話語要講中國夢對世界有利的內容，要講述世界能夠理解並且從中感到鼓舞的話語。

習近平總書記在同全國勞動模範代表座談時指出：「中國特色社會主義是當代中國發展進步的根本方向，是實現中國夢的必由之路」。[2]中國夢是現實中國的理想，也是朝向文明進步和人類未來方向的理想。中國道路就是中國特色社會主義的道路，這個道路既是中國的康莊大道，也是與人類歷史前進的方向相一致的。自古以來，中國就有天下為公、世界大同的理想，因此中國夢與全人類的未來是契合的。中國道路是中國特色社會主義道路，而社會主義的價值追求是每個人自由而全面的發展。中國夢是朝向理想社會的，而未來的理想社會應該是全世界人民和諧互助自由公正的社會。中國特色社會主義是社會主義的，而不是別的什麼主義，中國特色社會主義實踐是國際共產主義運動的重要組成部分。因此，表達中國夢的中國話語不僅是中國的話語，也應該是表達人類未來發展方向的話語。這樣的話語不僅是民族的，而且也具有世界歷史性意義。

即使在純粹的話語形式層面，我們也應該注意話語的相互理解的可

2　習近平：〈在同全國勞動模範代表座談時的講話〉，《人民日報》，2013年4月29日。

能性。與外國人講話，表達我們的利益追求和看法，我們就不能自說自話，就要使用外國人能夠理解的說法或話語。講述中國夢，不僅要講中國話語，而且要講能夠打動世界的中國話語；不僅要學會用中國語言講述中國夢和中國話語，我們還要學會用外國語講述中國夢和中國話語；不僅要用英語、法語、日語、德語等發達國家的語言講述中國夢和中國話語，還要學會用亞非拉各發展中國家的語言講述中國夢和中國話語。向世界講述中國夢，就需要掌握用外語講中國話語的本事。不是說用外語講就不是中國話語了，用外語講好中國話語，能夠更好地向世界講述中國夢。正像新自由主義的話語翻譯成漢語，仍然是西方話語。用其他語言恰當地講述中國夢，仍然是中國話語。中國已經成為一個全球性角色，而且國家利益也越來越具有全球性質，我們必須學會用各種語言表達我們的話語和利益。為了國家的戰略利益，我們必須探索不僅能夠用中國語言，而且也能夠用世界各國語言講述中國故事和中國話語的有效途徑和方式，讓世界理解中國夢。

第三，表達中國夢的內涵與意義必須讓人民群眾喜聞樂見從而獲得最廣泛的認同，我們必須提煉出讓人民群眾容易理解且能夠打動人們心扉的人間生活話語。

要讓中國夢的價值目標獲得最廣泛的認同，必須讓人民群眾知道它緣起的歷史背景、基本內涵和深遠意義才行。這就首先要求，講述中國夢的話語應該讓人願意聽，聽得進去，聽了能理解，理解了能認同。實際上，在日常生活中，我們經常會碰到能否相互理解的問題。我們平時講話、寫文章，無非也是要表達自己的看法，以便與人溝通或說服人。要說服人，就要講別人願意聽、聽得進去、聽得懂的話，讓人能夠理解我們的意思。即使同樣的看法，也可以有不同的說法，在不同的情景下可能也需要有不同的說法，這就需要根據實際情形尋找合適的說法──即適當的詞語和恰當的調門。有人指出，鋼鐵般的真理，有了詩意才更

容易打動人的心扉。這是有一定道理的。不過，轉變話語方式不是僅僅改變一下說話方式和敘事方式，更不是僅僅換換說話的詞語和口氣，儘管優化敘事方式、更新詞語和改進說話的調門都是有益的，也是必要的。話語方式，說到底，是我們的思維方式和世界觀的反映。所以，轉變話語方式首先是轉作風、改文風的問題。轉作風、改文風就是改造我們的世界觀，用唯物史觀武裝頭腦，走群眾路線，「接地氣」。中央強調我們要轉作風、改文風，就是讓我們心裡想著人民群眾，做事為了人民群眾，這樣就容易找到與群眾利益息息相關、與群眾生活密切相通的話語表達方式。

改文風就要找到最佳的溝通語言，即找到在特定情景下表達特定看法的最佳說法。既然寫文章、說話都是為了與人溝通，那麼我們就不要板起面孔說大話、講空話、聊不疼不癢的廢話。我們與工人講話，就要以貼近工人喜聞樂見和可以理解的話來講；與農民談話，就要以貼近農民關心的話題才能使談話得以進行；與青年人溝通，就要以青年人能夠接受的方式說話。在這些方面，李瑞環同志堪稱典範。例如，他在講「掃黃」是改革和對外開放健康進行的保證問題時，就形象地指出：「對外開放，必然會有『蚊子』、『蒼蠅』飛進來，打『蚊子』、『蒼蠅』不等於就是不開放，也不能因為有『蚊子』、『蒼蠅』飛進來就不開門。」「為了透透空氣就要打開窗戶，打開窗戶就難免進來蚊子、蒼蠅，但絕不能因此就連窗戶也不開了。不吸新鮮空氣的人，身體是不會好的。」[3]李瑞環同志以形象、生動、活潑的語言，把淨化環境和對外開放的辯證關係講得非常透徹，極具說服力。因此，進行中國夢為主題的教育實踐活動，不是讓我們總是重複這個概念，也不是找出多少美麗的詞語來闡

3　李瑞環：《看法與說法》第1冊（北京市：中國人民大學出版社，2013年），頁79。

釋它，而是要學會通過生活和實踐的敘事，學會用人民群眾的語言和人民群眾的親身經歷來講故事，讓中國夢通過鮮活的生活敘事和行動故事顯現其理念的光輝和理想的力量。

最後，表達中國夢的內涵與意義必須面向未來跟上社會發展和文明進步的步伐，我們必須提煉出具有原創性和時代特徵的話語。

創新是一個民族進步的靈魂，是一個國家興旺發達不竭的動力源泉。話語的原創性也來自民族的創造力。「中國夢是歷史的、現實的，也是未來的。」[4]話語的原創也要繼承傳統、基於現實、面向未來。

原創不是無源之水、無本之木，原創恰恰是依靠正本清源才能獨闢蹊徑，使創造力的活水源遠流長。原創不是脫離基礎構建空中樓閣，原創恰恰是基於傳統的創新，使創新的活力奔騰在歷史的主流之中。「問渠哪得清如許，為有源頭活水來。」民族生命力的活水源頭就在其歷史傳統之中，離開了民族傳統我們就失去了創造力的源泉。中國夢就是中華民族的偉大復興之夢想，因此講述中國夢的中國話語也是在傳承中創新的。文化的傳承創新是教育工作者特別是社會科學工作者的重要使命，我們在這方面努力就是為實現中國夢而奮鬥。

話語的原創是基於實踐和生活本體的，離開了實踐和生活本身就沒有真正的創造。只有通過堅守實踐和生活的恆常之道，經過艱苦卓絕的探索，才能實現有生命力的原創性表達。具有原創性的話語，不只是經過精細包裝和語詞雕琢的東西，而是來自生活實踐本身的璞玉。因此，社會科學工作者要深入中國特色社會主義建設的偉大實踐之中，在實踐和生活的創造與創新中尋找話語原創的基礎和動力。

原創性的話語也是面向未來的。如果沒有面向未來的視角就不能有

4　習近平：〈在同各界優秀青年代表座談時的講話〉，《人民日報》，2013年5月5日。

創新，創新就是基於現實而面向未來的探索，原創性話語就是這種面向未來的創新性探索的表達而已。高等教育與社會是相互塑造的關係。社會發展不僅為教育發展提供物質基礎，也給教育發展不斷地提出新的要求，從而推動教育的發展；教育不僅為社會發展提供人力資源，而且為社會發展創造性地尋找新的可能性。中國夢需要創新驅動，教育優先發展才能形成創新型國家。中國夢需要教育夢，教育夢能夠托起中國夢。無論從科學技術、經濟社會和文化方面，高等教育都有引領作用。用更發達的高等教育托起更高境界的中國夢，這是中國教育工作者的神聖使命。

總之，中國的高等教育工作者，特別是哲學社會科學工作者，應該承擔起尋找和提煉中國話語方式的歷史使命和責任，描繪中華民族的偉大復興之夢的理想藍圖，謳歌中國人民「敢於有夢、勇於追夢、勤於圓夢」的歷史創造的進程，激發人們為能夠見證夢想成真而投身到現實的中國特色社會主義偉大事業之中去。

三、民族精神是實現中國夢的強大動力

二〇一三年三月十七日，習近平總書記在第十二屆全國人民代表大會第一次會議的閉幕會上發表講話，強調實現中國夢必須弘揚中國精神。中國精神就是以愛國主義為核心的民族精神，以改革創新為核心的時代精神。這種精神是凝心聚力的興國之魂、強國之魄。精神不能缺少魂魄，無魂的精神沒有價值追求，無魄的精神缺少生命的活力。在當前，社會主義核心價值觀就為中國精神注入了目標之魂，實現中華民族偉大復興的中國夢則為中國精神注入了生命活力之魄。

習近平總書記在北京市海淀區民族小學主持召開座談會時的講話中指出，「為什麼中華民族能夠在幾千年的歷史長河中頑強生存和不斷發

展呢？很重要的一個原因，是我們民族有一脈相承的精神追求、精神特質、精神脈絡。」[5]實際上，中國精神早就存在，它一直綿延發展蘊藏在中華民族的生活世界之中。《易經》所講的「天行健，君子以自強不息。地勢坤，君子以厚德載物」這段話，最能夠體現自古以來的中國精神。這種表述交織著整個中華民族的歷史行動與美德涵養之間相互促進的統一性。

習近平總書記說：「中華民族是富有創新精神的民族」，「創新精神是中華民族最鮮明的稟賦」。[6]中國精神孕育發展到現在，有了更加具有時代特徵的內涵。當代中國的民族精神和時代精神，托舉著中華民族偉大復興的光榮夢想，執著於改革開放的發展之路，都是自強不息、厚德載物這種中國精神的最新體現。實際上，一個民族的時代精神是這個民族精神最具時代性的體現，而一個民族的民族精神只有不斷與時俱進，才能在歷史進步過程中引領時代的步伐。中華民族的民族精神是與時俱進的精神，是歷史性和時代性的統一，繼承與創新的統一。它始終是發展的、前進的。在中國革命、建設和改革的每一個重要歷史關頭，都會孕育出新的民族精神。在這個意義上，時代精神也是一種民族精神，是民族精神的時代體現。我們常說的「五四精神」「井岡山精神」「長征精神」「延安精神」「雷鋒精神」等等，都是中國民族精神的具體表現。

民族精神在歷史中客觀存在著，但是對民族精神的認識和自覺表達則有一個過程。作為一個歷史哲學的概念，「民族精神」是近代以來的產物。十八世紀法國啟蒙思想家孟德斯鳩，大概是最早論述民族精神的

5　習近平：〈從小積極培育和踐行社會主義核心價值觀——在北京市海淀區民族小學主持召開座談會時的講話〉，《人民日報》，2014年5月31日。

6　習近平：〈習近平在中科院第十七次院士大會、工程院第十二次院士大會上的講話〉，《人民日報》，2014年6月10日。

學者，因為他把一個民族的精神氣質與這個國家的地理、法律、宗教、文化的傳統連繫起來加以考察。在其名著《論法的精神》中，孟德斯鳩說：「人類受多種事物的支配，就是：氣候、宗教、法律、施政準則、先例、風俗習慣。結果就在這裡形成了一種一般的精神。」[7]在這裡，所謂「一般的精神」就是指反映一個民族地理、生活和文化等因素綜合而成的普遍精神特質，也就是我們所說的「民族精神」。其後的許多法國啟蒙思想家多主張普遍的理性，因而不太關注民族特性和民族精神問題。也許，德國思想家赫爾德是最早明確提出了「民族精神」的概念的人。在其一七七四年出版的《另一種歷史哲學》一書中，他指出：每一種文明都有自己獨特的精神，也就是它的民族精神。這種精神創造一切，理解一切。這種歷史唯心主義的理解民族精神是當時的主流，但也是基於民族精神的強大能動力量。如軍事家克勞塞維茨曾經指出：「精神力量是戰爭中最重要的主題之一。它們構成使整個戰爭具有生氣的主力。此種力量再與意志融合在一起就能成為推動和指導全民的力量。」「主要的精神力量為指揮官的才智、軍隊的武德及其民族精神。」[8]黑格爾大概是論述民族精神最多的哲學家，他繼承了赫爾德關於民族精神的概念，從其理性或「世界精神」統治世界及世界歷史的基本理念出發，認為「世界精神」發展的每一個階段都和任何其他階段不同，所以都有它的一定的特殊的原則。在歷史當中，這種原則便是反映世界歷史特殊階段精神特性的「民族精神」，或者說，「民族精神」就是世界精神的特殊的階段性體現。在這種世界歷史的特殊性和階段性的限度內，民族的宗教、政體、倫理、立法、風俗，甚至民族的科學、藝術和技術，都具有民族精神的標記。按照黑格爾的說法就是：「一個民族的『精神』

7　〔法〕孟德斯鳩：《論法的精神》卷上（北京市：商務印書館），頁235。

8　〔德〕克勞塞維茨：《戰爭論》（南京市：廣西師範大學出版社，2003年），頁62-63。

便是……具有嚴格規定的一種特殊的精神，它把自己建築在一個客觀世界裡，它生存和持續在一種特殊方式的信仰、風俗、憲法和政治法律裡——它的全部制度的範圍裡——和作成它的歷史的許多事變和行動裡。」[9]

進入二十世紀之後，德國歷史哲學家斯賓格勒和英國歷史學家湯因比都曾經討論過民族精神的問題。尤其是斯賓格勒對民族精神進行了徹底唯心主義的解釋：「各個大文化」是「由最深沉的精神基礎上崛起」，而民族反而是這種精神體現的「文化的產物」。他還嘗試對民族精神或文化的象徵符號進行規定。譬如，日爾曼文化是浮士德精神，而直刺雲霄的哥德式建築就是這種精神的「基本象徵」符號。他還說，希臘的基本象徵是「有形的個體」，中國的基本象徵是「道」，等等。

雖然赫德爾、黑格爾等人對民族精神的使用和解釋，都是唯心主義哲學的產物，他們把歷史進程看成是精神的外化現象。但是，在他們的思想中，也不是沒有一點積極的因素或內核。正如恩格斯指出的，「像對民族的精神發展有過如此巨大影響的黑格爾哲學這樣的偉大創作，是不能用乾脆置之不理的辦法來消除的。必須從它的本來意義上『揚棄』它，就是說，要批判地消滅它的形式，但是要救出通過這個形式獲得的新內容。」馬克思主義反對從所謂理性或精神出發去研究歷史，他們反而希望在實際的歷史活動之中確立理性或精神所反映的內容及其發揮的作用。在觀察和分析世界範圍內各民族國家的問題時，馬克思主義經典作家也考察了不同民族在精神領域的特殊表現和現象，他們對「民族個性」「民族性格」「民族特徵」「國民精神」「民族意識」等與民族精神相關的問題進行過許多精闢論述。在他們看來，民族精神是一個民族性

9　〔德〕黑格爾：《歷史哲學》（北京市：九州出版社，2011年），頁115。

格的特徵。一個民族的民族精神是這個民族之所以是這個民族而不是另外一個民族的根本特質和內在的規定性。每個民族都具有鮮明的民族性格，這種性格或精神是這個民族生產方式和生活方式的反映。後期的馬克思更加注重民族文化的特性，他闡發了歷史發展規律與民族特性之間的辯證關係。

在當代中國，毛澤東同志是明確使用過民族精神的術語。一九三八年五月，他在《論持久戰》中就指出，日本帝國主義「滅亡中國的政策，分為物質的和精神的兩個方面」，其中「在精神上，摧殘中國人的民族意識。」[10]一九三九年十月十日，毛澤東同志在《目前形勢和黨的任務》中指出，日本帝國主義為達其侵略目的，妄圖「消滅中國人的民族精神」[11]。毛澤東同志還多次提出要以民族精神教育後代。中國進入改革開放之後，鄧小平同志也講過，要發展必須一手抓物質文明，一手抓精神文明。他指出：「不加強精神文明的建設，物質文明的建設也要受破壞，走彎路。」[12]鄧小平同志說的精神文明建設就是要弘揚中華民族的民族精神，樹立中國人民的共同理想。江澤民同志特別重視根據時代要求弘揚和培育民族精神的重要任務。他指出：「民族精神是一個民族賴以生存和發展的精神支撐。」「面對世界範圍各種思想文化的相互激盪，必須把弘揚和培育民族精神作為文化建設極為重要的任務，納入國民教育全過程，納入精神文明建設全過程，使全體人民始終保持昂揚向上的精神狀態。」[13]習近平總書記對中國精神的論述，就是中國共產黨人在繼承毛澤東同志、鄧小平同志等人論述的基礎上關於民族精神的

10 毛澤東：《毛澤東選集》卷2（北京市：人民出版社，1991年），頁455。

11 毛澤東：《毛澤東選集》卷2（北京市：人民出版社，1991年），頁615。

12 鄧小平：《鄧小平文選》卷3（北京市：人民出版社，1993年），頁144。

13 江澤民：《江澤民文選》卷3（北京市：人民出版社，2006年），頁559-560。

最新闡釋。

馬克思主義者之所以重視民族精神，就是站在歷史唯物主義的立場上，既超越唯心主義的歷史觀，也超越舊唯物主義的歷史觀。馬克思主義把人民群眾的實踐看作是自覺的、主動的、積極的、有目的的活動，這種活動是主觀見之於客觀的對象性活動，是有理想信念、有精神價值的實踐活動。脫離了客觀的實踐活動，精神什麼都做不了，但是沒有精神就不可能有任何自覺主動的實踐活動。

對於當代中國人民而言，中華民族的民族精神就是實現中華民族偉大復興的中國夢的精神力量。

首先，民族精神可以構成民族文化認同和民族命運共同體的連接紐帶，成為中華兒女共同的精神家園。民族精神根源於基於一個民族生存的環境、生活方式、文化傳統之中，這種精神來自於民族生活的特殊樣態，也塑造著民族的生活樣態。中國精神即中國的民族精神，它在生活繁衍於東亞神州大地、山川、海洋的中華民族的歷史性的活動之中孕育而來，它也不斷地塑造著中華民族的生活方式、思維方式和情感表達。這種共同的精神就把中華民族凝聚在一起，構成為榮辱與共的命運共同體。從東海之濱到喜馬拉雅山，從北國漠河到南海三沙，中國人民有著豐富多樣的生活和文化，但正是作為民族精神的中國精神把五十六個民族及其所有職業的中國人連接起來。中國精神既是中華民族的魂魄，也是中華民族命運共同體的連繫紐帶。

其次，民族精神可以促進形成民族振興和文明發展的價值目標，成為中華兒女不斷奮鬥的理想願景。一個人有了意識，才能有自己的夢想，才能有價值追求。同樣地，一個民族有了民族精神才會有民族自覺，這樣的民族才能有民族整體的夢想，才能有整個民族的價值目標。習近平總書記在北京大學師生座談會上的講話中指出：「如果一個民族、一個國家沒有共同的核心價值觀，莫衷一是，行無依歸，那這個民

族、這個國家就無法前進。」[14]社會主義核心價值觀最基本的終極理想目標就是指向中國夢的實現。中國精神即中國的民族精神構成了中華民族所有成員價值觀的共同基礎,當前最突出的價值目標追求就是實現中國夢即中華民族的偉大復興。有了中華民族的夢想和價值追求,我們才在外敵入侵的情況下浴火重生,擺脫了半封建半殖民地的境地;有了中華民族的夢想和價值追求,我們才取得了中國特色社會主義建設的偉大成就,重新回到世界的中心舞臺,屹立在世界民族之林。

再次,民族精神能夠提供社會發展和文明進步的強大推動力,成為中華兒女不斷前進的精神力量。人類活動的最大特點就是有意識的自覺活動,這決定了精神力量對於人類實踐的重要性和必不可少的特徵。人沒有點精神是不行的,民族沒有精神就更難立足於世界民族之林。歷史唯物主義告訴我們,生產力是最革命的力量,而人的生產力則來自創造性的力量。創造力是有精神支撐的。精神力量的境界越高,其鼓舞的力量越是持久。民族精神的強弱,往往決定了一個民族生命力和創造力的強弱。民族精神由此成為民族發展與振興的強大動力。中國是一個有著五千多年燦爛文明的國家,中華民族是一個不屈不撓、歷經磨難而自強不息的民族。鴉片戰爭以來,在強大的民族精神鼓舞下,中華民族不甘忍受恥辱,前赴後繼,用血肉長城驅逐了侵略者,譜寫了一曲又一曲保衛祖國母親的悲壯戰歌。今天,在與時俱進的民族精神激勵下,億萬中華兒女投身中國特色社會主義事業中去,建設富強、民主、文明、和諧的國家,實現中華民族的偉大復興。

最後,民族精神還有利於昇華民族整體和全體成員的素養。精神的力量是一種昇華的力量。每個民族的道德都是民族精神的規範性體現。

---

14 習近平:〈青年要自覺踐行社會主義核心價值觀——在北京大學師生座談會上的講話〉,《人民日報》,2014年5月5日。

沒有民族精神的支撐，道德要求就往往成為一種他律的外在性力量；有了民族精神的鼓舞，道德就成為自律的昇華力量。中華民族是一個崇尚道德的和有豐富精神世界的民族，但是外來文化的強勢挑戰以及近代發展的落伍，使我們的民族精神得到了部分的遮蔽，我們的道德素質也出現屢有突破道德底線的現象。伴隨著中國特色社會主義事業的成功發展，我們必須重構和堅定我們的道路自信、理論自信、制度自信，特別是要堅定文化自信，重振我們的民族精神。一個人有了精神支柱和理想信念，才能做到「富貴不能淫，威武不能屈」。同樣地，一個民族也必須有自己的精神，才能成為文化繁榮的民族，才能成為文明進步的民族。正是這種閃爍著時代光輝的民族精神，造就了一批又一批具有先進思想和頑強奮鬥精神的傑出人物。他們為振興中華上下求索、矢志不渝，推動了歷史發展和民族進步，深刻地改變著時代的面貌，他們高揚鮮明的時代精神，挺起了堅強的民族脊梁，成為中國人民的榜樣。這就是一個民族精神力量的淬鍊，它能夠把一個民族提升到文明的新境界。正如習近平總書記指出的：「中華文明綿延數千年，有其獨特的價值體系。中華優秀傳統文化已經成為中華民族的基因，植根於中國人內心，潛移默化影響著中國人的思想方式和行為方式。今天，我們提倡和弘揚社會主義核心價值觀，必須從中汲取豐富營養，否則就不會有生命力和影響力。」[15]

　　總之，在中國的歷史上，我們的民族精神從來就是動員和激勵中國人民團結奮鬥的一面旗幟，是各族人民共同的精神支柱和力量源泉。實現中國夢，必須有中國精神。中華民族的民族精神推動我們在文明發展的道路上不斷前進。

---

15 習近平：〈青年要自覺踐行社會主義核心價值觀——在北京大學師生座談會上的講話〉，《人民日報》，2014年5月5日。

四、中國夢的理論構建與哲學社會科學的責任

習近平總書記指出：「實現中華民族偉大復興，就是中華民族近代以來最偉大的夢想。這個夢想，凝聚了幾代中國人的夙願，體現了中華民族和中國人民的整體利益，是每一個中華兒女的共同期盼。」中國夢，一個平實而又生動的詞，習近平總書記用它概括了當代中國人的希冀、追求和使命。首先，中國夢以簡潔明快而富有感染力的語言表達了全體中華兒女的共同願望和家國情懷，構建了對中國人民最具普遍意義的國家認同和文化認同。其次，中國夢以外延明晰而內涵深邃的符號勾畫了一代又一代中國人民的生活理想和強國目標，提供了讓中國人民最容易理解且最具吸引力的社會發展藍圖。再次，中國夢以美麗而又可以企及、現實而又開放的未來前景和理想圖景，提供了對中國人民最具激發意義的不竭動力源泉。最後，中國夢以一種新的話語方式開啟了馬克思主義中國化的新探索。

中國夢既是一種基於現實實踐的行動綱領，又是一種觀念化的理論構想。中國夢有深邃的哲學意蘊和理論內涵，可以構成一個完整而又開放的理論體系。

第一，中國夢有自己本體論、方法論和價值論的哲學基礎，即中國特色社會主義偉大實踐是中國夢的社會歷史的本體基礎，發展著的中國化的馬克思主義特別是科學發展觀是中國夢的方法論原則，社會主義核心價值觀是中國夢的價值追求。

第二，中國夢有自己的理論結構，即主體—動力—路徑：中國夢的主體是作為中國力量的中華民族，中國夢歸根到底是中國人民的夢，實現中國夢根本上是為人民謀幸福；中國夢的動力就是作為中國精神的民族精神和時代精神，民族精神和時代精神是中國人民永不枯竭的力量源泉；實現中國夢的途徑只能是中國道路，也就是中國特色社會主義道

路。

第三，中國夢有自己的辯證關聯式結構：例如，歷史與現實、現實與未來之間的辯證關係，即傳統在發展中獲得力量，而發展基於傳統才有活力，正如習近平總書記所說的，「中國夢是歷史的、現實的，也是未來的。中國夢凝結著無數仁人志士的不懈努力，承載著全體中華兒女的共同嚮往，昭示著國家富強、民族振興、人民幸福的美好前景。」個人與社會之間的辯證關係，即一方面，國家好、民族好，大家才會好，另一方面只有讓人人有「人生出彩」，整個社會才更加多姿多彩，就如習近平同志所說的，「中國夢是國家的、民族的，也是每一個中國人的。」[16]現實與理想之間的辯證關係，即有現實依據的理想才有可能實現，有理想的現實才有方向感和希望。

最後，中國夢也有「歷史—現實—未來」的敘事結構：中國夢既有深厚的中國文化歷史傳統，也有社會發展的現實基礎，還著眼於中華民族偉大復興的發展前景，從而構成一個完整的歷史敘事結構。

實現中國夢是每一個中國人的歷史使命。我們有責任為中國夢的實現而努力工作，以自己創造性的理論研究工作為實現中國夢而添磚加瓦。社會科學工作者首先要從理論的高度研究中國夢的思想資源、實踐基礎、理論結構及其表達方式，從而把中國化的馬克思主義推進到一個新的發展階段，形成中國理論。實現「中國夢」必須建立中國理論。中國理論就是有中國特色、中國風格、中國氣派的哲學社會科學體系，就是不斷與時俱進地推進馬克思主義的中國化。中國特色社會主義的成功實踐需要中國的理論加以總結和解釋，中國特色社會主義的未來發展也需要中國理論加以引導。偉大的理論來自偉大的實踐，中國的發展應該

---

16 習近平：〈在同各界優秀青年代表座談時的講話〉，《人民日報》，2013年5月4日。

由中國的理論加以總結，中國的未來發展也應該由中國的理論加以引導。舶來的形形色色的西方理論，出於不同的現實和語境之中，它們只能作為我們的參照，不能成為我們行動的指南。我們不能總是削中國發展之足適西方理論之履，我們必須有適合自己雙腳的鞋子。這就是我們闡釋中國夢的理論內涵的意義。我們要通過創新中國的概念和話語體系，概括中國實踐、講述中國故事、勾畫中國夢想。

要闡述中國夢的理論內涵，就要深入研究中國的歷史與現實，探究中國夢的歷史根源、現實基礎和未來前景，從而凝聚中國精神。實現中國夢必須弘揚中國精神。中國精神就是以愛國主義為核心的民族精神和以改革創新為核心的時代精神。一個民族，如果沒有民族精神就不可能有這個民族的具有世界歷史意義的時代，沒有時代精神就不可能有作為這個時代具有世界歷史意義的民族。民族精神只有具有時代性才有活力，時代精神就是這個時代最突出的民族精神。民族精神和時代精神的統一就是當代中國精神。中國夢激發中國精神，中國精神也成為實現中國夢的主觀力量。中國精神與改革開放是不矛盾的。全球化已經成為人類的現實，忽視這個現實就不是實事求是的態度。要發展，就必須堅持改革開放。當代中國夢不是排外的夢，而是改革開放的夢，是與其他民族夢相互映照的夢。其他的夢給了我們許多的啟迪，啟動了我們民族內在的想像力和創造力；我們的夢也會給世界帶來許多新的色彩，讓世界變得更加姹紫嫣紅、多彩多姿。我們應該有自己的價值追求，但我們的追求不能脫離人類文明的大道，我們應該創造具有世界歷史意義的價值理念和理想前景。

要闡述中國夢的理論內涵，就要深入中國特色社會主義事業的偉大實踐之中，探索實現中國夢的路徑、方法與措施，這就是研究中國道路的歷史方位和前進路徑。實現中國夢必須走中國道路。照搬別人的路難以走通，因為「橘逾淮而北為枳」。我們必須走自己的路，我們在曲折

徘徊中摸索、尋找，終於找到了自己的路，這就是中國特色社會主義的道路。走自己的路，追求自己的價值理念，我們才能做自己的夢。中國特色社會主義建設取得的舉世矚目的成就，在短短幾十年時間內把一個貧窮落後的國家建設成為世界第二大經濟體，這一進程本身就具有世界歷史意義，因而也就有了普遍的世界意義。中國的發展道路，對中國而言是找到了合適的發展途徑，對世界來說是一個成功的發展範例。我們既然走過了非常成功的歷史進程，我們就必須有足夠的自覺和自信：人間正道是滄桑；實現中國夢，只能走中國道路，其他路是走不通的。

要闡述中國夢的理論內涵，還要認真尋找表達中國夢的中國話語和中國故事的敘事方式，為提升中國夢的吸引力和感染力而鼓與呼，從而激勵中國力量。實現中國夢必須依靠中國力量。夢想的價值不在於總是「在夢中」，而是激發行動。沒有行動，夢永遠只能是夢。正如習近平總書記說的，「空談誤國，實幹興邦。所以，我們必須牢記，要把藍圖變為現實，還有很長的路要走，需要我們付出長期艱苦的努力。」夢在我們頭腦中，實現夢想的辦法就在我們每個人的雙手中。我們不能只做夢，我們更要把夢想變成現實。我們已經站在了歷史發展的新的起點，我們必須以崇高的歷史使命感和社會責任感投身到中華民族偉大復興的實踐之中，甩開膀子埋頭苦幹，用我們的雙手實現中國夢勾畫的理想目標。只有中國的話語和理論，才能激勵中國的力量。我們已經站在了歷史發展的新起點上，構建激發中國力量的話語體系和理論體系就是哲學社會科學工作者的使命和責任。

第三節　國家話語權不能削弱

　　自一九四九年新中國成立，我們在處理國際事務中就堅持獨立自主的路線，伴隨著中國經濟實力和綜合國力的提升，國家軟實力和國際影響力也有了顯著提高。但是，中國在國際領域的話語權和影響力卻仍顯不足，被動挨罵的現狀還沒有得到根本改變。

　　國家話語權是一個國家的歷史、社會、經濟、政治、軍事、文化等各種複雜因素的綜合效應。國家話語權既不能削弱，更不能旁落。當前，中國話語權影響力不強有著深刻的歷史原因。首先，近代西方文明的崛起，與中國的相對衰落造成的經濟、政治和文化的落差，不僅造成西強中弱的狀態，而且這種歷史陰影仍然影響著中國人的精神世界。西方世界借助文藝復興、宗教改革和啟蒙運動，實現了文化的現代性轉型，從而走向了工業革命道路，並且取得了對整個世界的支配地位。最近幾百年時間，西方從一種地域概念變成為作為西方中心主義的文化「範式」；評估所有文明都是以西方的範式作為尺規的。隨著西學東漸，中國當代學術、教育領域的學科標準，都是以西方哲學範式為基礎的。我們作為學生，難免產生心理和文化上的自卑情結，這種自卑也許是無意識的，但卻持續地在起作用。即使一九四九年新中國成立之後，文化自卑的心理得到了一定程度的清理，但這種自卑心理仍然若隱若現地存在著。不僅人們說「蘇聯的今天就是我們的明天」，即使在大躍進的狂熱中我們也是做著「趕美超英」的夢想。──我們仍然以別人的範式作為衡量我們歷史進程的尺度，我們仍然是以別人的話語表述我們的希冀和故事。東歐劇變使社會主義處於低潮，社會主義意識形態有些被動，西方世界很多人彈冠相慶，福山提出了所謂「歷史終結論」，許多觀察

家認為西方已經「不戰而勝」，成為冷戰的贏家。面對這種局面，世界範圍內左派似乎一蹶不振，我們的政治意識形態顯得處在被動狀態。

我們國家話語權的不足，也有著現實的社會原因。一方面，在改革開放過程中，我們需要向西方學習先進的科學技術和管理經驗，以西方為師也造成了我們對西方仰視的心理定式和自卑情結。另一方面，中國社會結構發生了深刻的巨大變化，社會分化、利益多元化和思想的多樣化，這種空前的多元狀態，也使我們的精神世界一時難以自安，我們的話語共識還需要一個磨合過程。

當前，中國話語權影響力不強也有著微妙的文化及文化變遷的原因。輿論和話語的靈魂是價值觀，特別是一個國家的核心價值觀。正如格拉特‧哈丁（Gerath Harding）指出的，「價值觀之所以重要，是因為它們將國家和民眾凝聚在一起。它們幫助定義一個社會所支持和所反對的東西。」[17]可是，在思想理論宣傳和價值觀建設方面，我們卻缺乏文化上的自信心和價值體系的制高點，甚至在很長時間內拒絕「價值」這個概念，直到改革開放後才開始逐漸接受並研究價值問題。西方人說他們的價值觀是「普世價值」，而我們則只願說自己的文化特色、民族特色，對中華優秀傳統文化和價值體系的世界意義缺乏論證和闡釋。文化只有先進才有軟實力，價值只有先進和具有世界普遍意義，才能讓人民為之驕傲，才能對他人有吸引力。

儘管問題的實質都是內在性的，但為競爭性的意識形態作影響力，外部原因也是不可忽視的。首先，某些西方國家仍然心存冷戰心態，他們通過各種途徑和手段對社會主義意識形態的圍剿，對非西方文化的貶低，力求讓我們的青年人對自己的制度、文化、傳統失去信心，從而達

---

17 〔美〕格拉特‧哈丁著，葛鳴譯：〈歐洲人之迷〉，《國外社會科學文摘》2012年8月號，頁24-25。

到不戰而勝的目標。尼克森在《1999不戰而勝》中的最後一章就說過：西方要「致力於……削弱共產主義口號的政治吸引力。」[18]實際上，當有一天中國的年輕人不再相信自己的歷史傳統和民族文化的時候，那就是西方不戰而勝的時候。中國已經成為西方眼中的絕對「另類」。眾所周知，斯諾登事件的曝光說明，美國情報部門與英語國家組成的五隻眼，不僅監視非西方國家，甚至連不講英語的德國、法國、日本也成為他們監視的對象。中國不僅不屬於西方文化的範疇，而且還屬於由共產黨領導的走自己道路的國家。正如英國《金融時報》二〇一四年八月十三日刊登的克里斯多夫・萊恩的文章所說的，中國道路的成功令西方極度不安，「原因是它挑戰了美國模式的自由主義民主和市場資本主義的所謂普適性」[19]。在這個意義上，中國已經成為最讓西方恐懼的「他者」。其次，西方發達國家不僅在輿論上有多年形成的強大慣性力量，而且在價值觀操作上有豐富的經驗，掌握話語主導權和議題設置權。西方不僅有價值觀的宣傳，而且非常重視價值觀的宣傳；美國不僅在國內進行價值觀教育，而且公開在全世界推廣其價值觀。實際上，被視為「普世性」的西方價值觀往往是西方的偏見，而「許多西方偏見基於西方的歷史性政治和軍事霸權」[20]。

在民族文化和國家話語權方面，「唯洋是舉」要不得。南橘北枳是許多人都理解的道理。特定的植物離開原來生長的氣候、土壤和其他環境條件，就很難按照原有的狀態生長和存在了。動物的物種也與環境密切相關，藏羚羊和山羊都是羊，但它們的習性大不相同。梅花鹿和長頸

---

18 〔美〕尼克森著，王觀聲等譯：《1999不戰而勝》（北京市：世界知識出版社，1997年），頁371。

19 詹得雄：〈中國道路和中國治理的世界意義〉，《參考消息》，2015年4月1日。

20 〔美〕亞歷克斯・楊著，陳虹嫣譯：〈西方理論主導世界：國際理論中的西方偏見〉，《國外社會科學文摘》2015年3月號，頁16。

鹿都是鹿，但是梅花鹿不能按照長頸鹿的習性找大樹上的葉子進食，同樣長頸鹿也無法像梅花鹿那樣在草地上啃草。由此，我們就不難理解：不同的民族或群體由於生活的環境不同，也就有了不同的生活方式，在此基礎上就形成了不同的文化特徵。生活在北極圈內的因紐特人，其生活方式顯然不同於生活在赤道的非洲人，至少生活在赤道的人們不能像因紐特人穿獸皮筒衣。同樣地，生活在高原上的人顯然也不能按照海邊人們的生活方式來生活。由於從事獲取生活資料的生產方式不同，人們的組織起來的方式也就有差別，由此也就出現了文明的差異。可是，有些人就是不明白這個淺顯的道理，總是「唯洋是舉」，老覺得應該按照別人的樣子生活，甚至是按照別人都做不到只是說過的樣子生活，這就類似於生活在高原上卻總幻想海上的生活，得到的結果總是海市蜃樓般的幻境而已。

當然，人類之間能夠而且應該進行交流和借鑑，交流互鑑能夠推動文明的豐富性拓展和發展性進步。但是，人類社會中文明的傳播都不是原封不動地全盤接受，任何借鑑都必須通過原有文明內在的理解和吸納結構的創造性轉換，才能把外在的東西轉化為積極的內生性力量。創造性轉換則是文明汲取和消化力的表現，越是具有自信心和自主能力的文明越是能夠吸收和消化外來文明的成果，而一旦失去自信心和自主能力就難以消化外來的東西了。話語應該是對社會發展大勢的語言和概念反映，在這種大勢基礎上凝練的話語才真正有歷史意義和價值。漢唐時代的恢宏氣度就是文化自信的歷史明證，而近代以來某些人的「唯洋是舉」和「全盤西化」的主張，則是喪失文化自信心和缺少自主話語表達能力的表現。實際上，忘掉自己的文化根基，對外來的東西照單接受、囫圇吞棗的做法，是一種食洋不化的表現。

眾所周知，在人類歷史進程中，中華民族文化源遠流長，成為唯一沒有中斷的文明。這不僅在於中華民族有著綿延不絕的獨特的語言文化

和價值體系，而且也在於中華文明有著不斷自我更新的生命力。中華文明的生命力既來自神州風雨如磐幾千年的文化自信，也體現為中華民族開放包容的恢宏氣度。幾千年來，中華文明不僅內部有多元一體的互動與交融，而且與周邊文明也有著密切而富有成果的文化交流互鑒。從胡服騎射到佛教的傳入與改造，從絲綢之路到鄭和下西洋，從嚴複睜眼看世界到當今的改革開放，都展現了中華民族的文化胸懷和文化自信。中華民族一直在持有文化自信的狀態下，與域外文明進行富有成效的交流互鑒。

　　然而，某些人「唯洋是舉」心態的社會歷史根源何在呢？近代以來，由於西方資本主義生產方式和現代文明的興起，中華民族面臨幾千年未有之變局。面對列強的欺凌，中國暴露出生產方式、社會制度和文化觀念的相對落伍，並且逐漸陷於半封建半殖民地的境地；在列強的堅船利炮面前，中國人的文化自信心遭遇前所未有的毀滅性打擊；在西學東漸的過程中，歐美人構建的「西方中心主義」也像病毒一樣被植入國人的精神編碼結構之中。在許多人那裡，過去天朝大國的心態一下子跌落到自慚形穢的自卑境地，許多人甚至全盤接受了中國文化在本質上落後於其他文化的論調，甚至認為中國從種族上有「劣根性」，只能讓他人來我們這裡進行「幾百年的殖民」，才能從根本上改造中國文化的落後性。

　　實際上，從人類演化的大歷史觀的視角和文明興衰的節奏看，中國近代以來的相對沉淪，只是歷史的短暫瞬間。從根本上講，沒有特定的民族文化優於其他民族的文化，但是不同的文化的確有快速發展或發展順暢期，有發展相對停滯或緩慢期。例如，當印度的佛陀、中國的老子和孔子、雅典的蘇格拉底和柏拉圖開創文明「軸心期」的時候，西歐的先民們大多仍然處在比較原始的蒙昧狀態之中。如果像西方人自己認為的那樣他們是優秀民族，為什麼他們的文明那麼晚才趕上來呢？另外，

許多歷史上曾經強盛的文明相對地衰落了，這也是可以理解的。那是由於某一民族文化的成功發展所導致的民族優越感也具有雙重性：一方面可以提升民族的文化自豪感，強化民族文化自信心；另一方面也可能滋生文化上的故步自封甚至出現文化上的傲慢，故步自封的傲慢心態必定導致文化上的停滯。在一定的意義上，中國在近代的落伍就是文化上故步自封的產物。但是，我們不能為了克服文化上的故步自封而走向另一個極端，即放棄自己文化的根基，放棄了自己的根就失去了文化再生的能力了。有了自己的根基，我們才能夠保持吸收外來能量的消化能力，我們才能夠維持生存、集聚能量，煥發新的生命力。

事實證明，唯洋是舉和故步自封都是要不得的。中國曾經試圖學習西方，可是得到的都是西方列強的欺凌。新中國成立以來，中國獲得了民族獨立，中國人民重新站立起來了，樹立了獨立自主的旗幟。但我們也曾經試圖模仿蘇聯，從而走了許多彎路。改革開放以來，中國成功地探索了一條發展道路，即中國特色社會主義道路。沿著這條道路，中國走上了迅速發展的快車道，不僅一躍成為全球第二大經濟體、第一大貨物貿易國，而且國家綜合實力得到很大提升。中國不僅屹立於世界民族之林，而且重新回到世界舞臺的中心。這一切都是中國人民在獨立自主的前提下，與其他文明交流合作、相互借鑑的結果。

一定的文化都是在一定時空境遇下產生發展的文明形態，它與特定的歷史階段、生存環境、生產方式和生活方式相連繫。離開特定的時空環境和條件，就不能真正理解這種文化。對某種民族文化而言，其他時空環境條件下的文化形態和生活樣式只具有參照價值，不可能絲毫不變地移植或完全照搬。實際上，西方思想家所想像的「普世」文明是根本不存在的。文明都具有歷史性、相對性和民族性。古代的希臘是歐洲的文明發源地，可現在的希臘在歐洲的地位已經屬於比較邊緣化了。日爾曼人被羅馬人視為蠻族，現在的日爾曼民族則覺得希臘和義大利在拖歐

洲的後腿了。過去，希臘人、羅馬人蔑視地看在森林裡遊蕩的北方野蠻人，現在的希臘人和義大利人卻為以德國為代表的北方歐洲人投來的鄙視的眼光而苦惱。另外，都是資本主義生產方式，盎格魯—撒克遜傳統的資本主義顯然不同於萊茵河傳統的資本主義。就是同屬盎格魯—撒克遜傳統的英美兩國，在政治制度方面也有許多的差異。至少英國仍然保留著世襲的國王，從而與其歷史銜接起來，其治理權力則歸屬國會最大黨派組成的內閣；而美國則有由普選選舉出來的選舉人團選出的總統。另外，許多歐洲國家的國民議會或國會都是按照選民比例選舉出來的，而美國的參議院則是按照每個州兩個名額選舉的，不論這個州究竟有多少居民。孰優孰劣呢，誰更民主呢？不能簡單地下結論，它們只是與本國的歷史和現實相適應的產物而已。

《莊子》云：「彼之正者，不失其性命之情。故合者不為駢，而枝者不為歧。長者不為有餘，短者不為不足。是故鳧脛雖短，續之則憂；鶴脛雖長，斷之則悲。故性長非所斷，性短非所續，無所去憂也。」（《莊子》〈駢拇〉）穿自己感覺合適的鞋，走自己選擇對的路，才能更好地學習別人的長處；忘記自己的特性和根基，就無法真正學習了。有些國家連憲法都是抄別人的，試圖按照別國的藍圖建設自己的家園，但得到的結果都是令人失望的。其原因就是失去了獨立自主的能力，失去了自主選擇和消化外來文化的能力。野鴨要把自己的脖子拉長，鶴想把自己的脖子縮短，都是不可取的，因為那樣做的話，別說消化了，可能進食都會成為問題。

第四節 西方中心主義是一種獨斷性話語體系

客觀地說，在歷史上，每個民族都是從自己的視角看問題，甚至經常把其他民族看作陌生的蠻族「他者」。但是，當人類還是孤立地分別發展的時候，不同的民族只是「相互」把對方看作非我族類的「他者」而已。可是，當哥倫布、麥哲倫等人發現了新世界，歐洲人開始把自己與其他所有民族分開來看，西方中心主義就開始出現了。特別是，歐洲人在全世界範圍內血腥的殖民活動，再經過黑格爾所謂人類「自由意識」從中國、印度、波斯到希臘、日爾曼世界的發展歷程的歷史哲學「論證」，西方中心主義才真正成為一種理論或話語體系。根據這種話語體系，歐洲文化代表的是理性、科學、民主、文明、獨立、自由、自主等等，而其他的文化則或多或少地代表著非理性、迷信、獨裁、愚昧、依賴、奴性等等。後來，西方中心主義演化成為從歐美人的角度來看整個人類的一種隱含的信念。在這種信念支配下，歐美人有一種對其他民族的優越感，或有意或下意識地把歐洲文明凌駕在其他文明之上。尤其是工業革命由西方開始興起，拉大了西方跟亞非拉國家的差距，這種暫時的領先地位極大助長了西方中心主義的興盛和傳播。

顯而易見，西方中心主義是歐美人的世界觀：從西方人的視角看，西方的文化是普遍的，而其他民族的文化卻是不正常、不成熟的特例；西方中心主義是歐美人的認識論：很多國際規定，如「本初子午線」「西元紀元」以及「近東」「中東」「遠東」之類的地名，都包含著西方中心主義的視角；西方中心主義是歐洲人的價值觀：西方人根據自己的利益作為判斷事實的價值標準和選擇性機制。

——作為歐美人的世界觀，西方中心主義讓西方人把西方社會模式和文化形態看作是人類文明的標準，而把其他社會發展模式視為失範的另類加以藐視、貶低和排斥，甚至有時動用各種力量把其他文化納入進西方文化的軌道。基於西方中心主義的世界觀，西方人往往把「他者」視為失範現象本身，希望把「他者」變成與自己一樣或變成自己的附庸。正如列維納斯指出的，「我們與他者的關係自始至終都帶有暴力結構的烙印」，這是歐洲精神的失誤所在。整個歐洲歷史都基於「將他者縮減成自我」。[21]假如經濟社會發生同樣失範問題，如在亞非拉出現金融紊亂的現象，西方人就頤指氣使地指責發展中國家文化上的缺陷、制度上的錯謬、能力上的不足，如此等等。而到了二〇〇八年，當歐美人引起了「金融海嘯」「歐元危機」時，他們卻既不從文化上找根源，也不從制度的層面進行反思，甚至試圖把問題推給發展中國家。譬如，格雷戈爾‧歐文指出：「二〇〇八至二〇〇九年的經濟和金融危機就是起源於也是集中發生於跨大西洋經濟體，並損害了西方自由經濟的名聲，卻增加了非傳統的政府主導的典範的吸引力，特別是中國。同時，中國以自身的經濟成功來增強其政治影響力。」[22]歐文在這裡不是反思西方的問題，而是擔憂「非傳統的政府」特別是中國模式影響力的提升影響到西方的正常「秩序」。

作為歐美人的認識論，西方中心主義讓西方人看不到自身的問題。同樣的失範現象或問題，發生在西方，就可能被視為偶然的特例，而發生在發展中國家就成為必然；同樣的不幸，發生在西方往往就被忽略，而發生在發展中國家卻可能被放大。譬如，伊拉克的「大規模殺傷性武

---

21 〔德〕布羅伊爾等著，葉雋譯：《法意哲學家圓桌》（北京市：華夏出版社，2003年），頁160。
22 〔美〕格雷戈爾‧歐文：〈發揮跨大西洋貿易與投資關係協定的戰略潛力（下）〉，《國外社會科學文摘》2017年1月號，頁39-40。

器」就成為薩達姆被推翻的莫須有罪名，而美國的「虐囚事件」卻不了了之。再如，最近兩年，歐美都指責他國干涉自己的國內選舉，可是他們似乎忘記了，經常明火執仗地干涉別國內政的，正是他們自己。最近，美國國務卿蒂勒森呼籲中國不要把貿易作為外交武器，這尤其讓人覺得可笑，誰都知道是哪個國家經常明目張膽地對他國進行經濟制裁。由於美國的硬實力，西方中心主義在實踐上就更加有害。正如美國布朗大學沃森國際問題研究所高級研究員斯蒂芬·金澤反思的，「美國人被認為對世界一無所知。如果不丹或玻利維亞人對敘利亞問題認識錯誤，那其實沒什麼關係。我們的無知更危險，因為我們在行動。美國有能力給其他國家判死刑。只要得到絕大多數美國人支持，美國就可以這麼做。而很多美國人，包括很多美國記者，都認為官方的說法是對的。……這還有可能導致戰爭延長，讓更多敘利亞人遭受痛苦甚至失去生命。」[23]

　　——作為歐美人的價值觀，西方中心主義讓西方人把自己的一切行為都視為正義和善的化身，而把他人看作是非正義和惡的體現。美國前國務卿奧爾布賴特曾經說，「為什麼我們是正確的，因為我們是美國！」這是西方中心主義最赤裸裸的表達了！正因如此，在歐美主流媒體中，歐美到利比亞、敘利亞狂轟濫炸都是為了民主和人權，而「俄羅斯和伊朗在敘利亞所做的一切，都被描述為壞事，是破壞穩定的」。即使美國在阿富汗、伊拉克和敘利亞等國的軍事行動中炸死千百普通平民，那也僅僅被當作難以避免的「誤炸」而被忽視。[24]

23　〔美〕斯蒂芬·金澤：〈美媒體在敘利亞問題上誤導公眾〉，原載《波士頓環球報》2016年2月18日，《參考消息》，2016年2月23日。

24　〔美〕斯蒂芬·金澤：〈美媒體在敘利亞問題上誤導公眾〉，原載《波士頓環球報》2016年2月18日，《參考消息》，2016年2月23日。

作為歐美人的世界觀、認識論和價值觀，西方中心主義就成為他們觀察和看待世界發展進程的選擇性機制。在這種選擇機制下，歐美的科學文明、經濟發展、社會繁榮、政治秩序就被視為世界的常態，愚昧無知、經濟停滯、社會混亂、政治不確定性則被看作是亞非國家的基本樣式。在這種選擇性機制下，歐美社會的亂象就可能自覺不自覺地被忽略。譬如，金融海嘯之後，華爾街沒有得到任何清算，就更不可能對危機產生的制度原因進行反思和改革了。再如，美國員警開槍打死黑人的暴行，就被視為正常執法出現的現象，而在發展中國家出現類似現象，即使不多或不嚴重也會被看成是違背基本人權的罪惡。這種機制使歐美人看不到自身的缺陷，卻把別人的問題放大了來看。更加讓人難以接受的是，西方中心主義作為選擇機制實際上已經變成歐美人歪曲地看待現實的集體無意識。在歐美發生的恐怖活動，歐美媒體就會異口同聲地指責為反人類、反文明的行為；而在其他國家發生此類現象，他們卻會用其他的標準去對待，似乎恐怖活動傷害其他國家的人民就不是反人類、反文明的行為了。正是在這種集體無意識的支配下，西方媒體甚至西方民間輿論有意無意地都變成了西方政府的話語武器。西方人利用這種武器，對世界的其他部分進行思想的控制。正如哈爾珀的名言所說的，「打贏如今的戰爭靠的不是最好的武器，而是最好的敘述方式」。[25]二〇〇六年七月，美國索諾馬州立大學社會學教授彼得・菲力浦斯（Peter Phillips）發表了一份研究報告《美聯社的新聞偏向》（News Bias in the Associated Press）稱，美聯社等美國主流媒體的新聞報導，支援美國政府的意圖和傾向十分明顯。[26]

公道地說，西方也有人反思西方中心主義，偶爾站出來公開批評西

---

25 〔美〕彼得・納瓦羅：〈中國「三戰」戰略讓美國束手無策〉，《參考消息》，2016年1月7日。

26 張哲、鄭漚：〈美國為何完全不像一個民主國家〉，《中國社會科學報》2013年8月26日。

方人的傲慢和無知，但是，他們的言論往往被所謂「主流」淹沒或遮蔽，而且這種淹沒和遮蔽採取了知識規範的外衣。不符合西方中心主義的話語，卻被轉換為不符合學術規範和知識邏輯的理由而被忽視。更加可怕的是，西方中心主義作為一種知識體系和話語體系在亞非發展中國家傳播的結果，往往造就了發展中國家知識界自我歧視的現象。這就是說，發展中國家失去了自己的話語能力，必須通過人家的講話方式講話；沒有自己的知識，講的是西方的知識；沒有自己的話語，講的是西方的話語；沒有自己的價值，持有的是西方的價值。由於用西方的話語和標準講自己，結果往往不僅是缺乏自主性和自信心，而且往往出現自我貶低的逆歧視現象。可是，我們必須讓人民群眾認識到，「……被西方吹捧的普世主義，是對西方經濟、政治、社會文化模式（基於壟斷私有制的自由民主國家）的價值肯定，這是錯誤的，其實質是繼續認同建立在西方殖民主義和帝國主義基礎上發展而來的，意在剝削和壓迫亞、非、拉人民的，以西方霸權模式強加給有著不同歷史路徑、歷史發展近況、各自特色文化文明的國家和民族的西方專制霸權的專制主義價值觀。世界不同民族擁有的不同的歷史和文化是人類的寶藏，必須找到自己的發展方式和解釋歷史的正確方法。如果詆毀自己的歷史和自己的國家，事實上就是在支持『顏色革命』的攻擊。」[27]

在民族復興的進程中，中國重提文化自信和重建自主學術體系、理論體系和話語體系，有著特別重要的歷史意義。當然，批評西方中心主義並不是建立中國中心主義的理由。我們應該從我們自己的視角看世界，但是我們也應該理解其他國家的立場和利益關切。世界應該從西方中心主義跳出來，構建一個「交互主體」的世界知識體系和話語體系。

---

27 〔義大利〕安德瑞‧卡托納著，劉子旭譯：〈假革命真霸權的「顏色革命」邏輯〉，《中國社會科學報》2016年1月15日。

我們的價值觀和話語體系，主張構建人類命運共同體，實現各國人民的相互尊重、互聯互通、交流互鑒、合作共贏。

第三章　話語權與國際競爭力

話語權與國家的國際競爭力密切相關，大國的話語權也是綜合國力的體現。西方國家依靠近代的崛起與殖民過程，獲得了空前的國際話語權。

第一節　西方中心主義的「普世」幻象

　　話語權是國際競爭力的支撐與表現。美國人總以為自己是世界的領導者或員警，其他國家和民族都應該按照他們的指揮棒指引前行，他們試圖用「美國的價值觀」改造整個地球。凡屬不聽其招呼的人，不是被冠以「邪惡軸心」或「專制暴政」的帽子，就是被視為脫離軌道的「法外國家」或「失敗國家」對其進行制裁或懲罰，甚至乾脆進行赤裸裸的顛覆或軍事入侵。是什麼給了美國人這樣自鳴得意的權威感？說穿了，其背後的邏輯是西方中心主義在作祟。

　　西方中心主義源於一種虛妄且傲慢的歷史觀。其起源於近代以來的歷史變化，即歐洲借助宗教改革、啟蒙運動和工業革命首先走向了現代化，並且由此奠定了西方幾百年的霸權。實際上，這無非是在一個歷史時期某種文化獲得了發展的機遇，成為時代的寵兒。美索不達米亞、埃及、中國、印度、希臘、羅馬、阿拉伯人，都曾經扮演過這種歷史角色。然而，西方人忘記了曾經漫長歷史中自己微不足道的角色，自以為是人類歷史命定的永恆引領者，以前的文明只不過是為西方的崛起做準備，按照黑格爾的說法就是世界歷史完成了的「主體」。帶著這種虛妄的歷史觀，西方人不僅對歷史敘事進行重新剪裁，而且對其他地區進行了殘酷的殖民主義活動，他們不僅把美洲印第安人幾乎趕盡殺絕，還把非洲人運到美洲做奴隸。殖民者打著傳播文明的幌子，幹盡了喪盡天良的缺德事。

　　隨著亞非拉人民的覺醒，赤裸裸的殖民主義和種族主義已經不得人心。西方人又玩弄新的花招，以過去從未讓殖民地人民享有的「民主」

「自由」「人權」的名義，指責其他國家的制度和現實，目的是讓亞非拉國家在道德上處在弱勢的地位上，以便由他們任意擺布，並從這種不平等的關係中攫取超額利潤。在「人權高於主權」的口號下，昔日的殖民者又可以對過去被奴役者頤指氣使了。

美國的霸權把西方中心主義推向極致。目前，美國人憑藉超級大國的力量，尤其是冷戰結束之後一超獨霸的態勢，權力欲更加膨脹。他們希望用美國人的價值標準重新安排世界秩序，讓整個世界唯美國馬首是瞻。如果說在過去西方人走到哪裡，哪裡的人民就失去民族獨立，哪裡的經濟就處在依附地位，成為提供原材料和商品傾銷的市場；那麼現在，美國人走到哪裡，哪裡就會社會動盪不安，哪裡就可能出現民不聊生的內亂甚至生靈塗炭的戰火。阿富汗、伊拉克的動盪已經十多年了，利比亞、敘利亞、葉門仍然處在複雜的內戰狀態，埃及、烏克蘭也都出現了危機。現在，美國人又要搞什麼亞太「再平衡」，挑撥國家間的是非，看來太平洋也難以太平了。

為什麼美國人干預哪裡，哪裡就出亂子？首先是美國都是基於自己的國家利益和霸權進行干預，其出發點就不是為了其他國家和民族的福祉。他們插手都是為了地緣政治的需要，或者石油、礦產、航道等戰略需要，因此必然給當地的社會生態帶來更加複雜因素，打破了原來形成的平衡，從而製造出更加棘手的新矛盾，引出難以平息的新禍患。譬如，他們把薩達姆、卡扎菲這樣的強人清除掉了，但是卻引出更加令人恐怖的極端主義暴力，最後遭殃的卻是伊拉克、利比亞的普通人民。

其次，美國人到哪裡都是盛氣凌人，不是激起本土人民的反感甚至反抗，就是可能為極端主義滋生創造條件。實際上，西方中心主義本身就不是民主、自由、平等和公正的邏輯，他們總覺得自己是高人一等的文明人，似乎別人都是未開化的野蠻人。二十世紀美國人在越南的狂轟濫炸以及噴灑貽害無窮的化學藥劑，讓世界愛好和平的人看清了其蠻橫

的本質；現在到處用無人機到其他主權國家進行獵殺行為，錯殺了許多無辜的百姓，這成為極端主義和恐怖主義滋生的土壤。結果就出現了反恐，反恐，越反越恐的局面。

再次，西方的強勢文化，使他們產生了普世的幻象。西方人所到之處都要按照自己的意願改變原來的面貌，如果遇到反抗就要通過坦克作為推土機碾平前行路上的障礙，久而久之他們就以為自己的意願就是文明，就是真理。他們不懂得南橘北枳的道理，意識不到在歐美行得通的東西，到別處就可能帶來災難。《莊子》云：「彼之正者，不失其性命之情。故合者不為駢，而枝者不為歧。長者不為有餘，短者不為不足。是故鳧脛雖短，續之則憂；鶴脛雖長，斷之則悲。故性長非所斷，性短非所續，無所去憂也。」（《莊子》〈駢拇〉）美國人總按照自己的標準裁剪別人，這就類似於把野鴨的脖子拉長，把鶴的脖子縮短，顯然都是不可取的。鞋子合不合腳，只有穿鞋子的人自己最清楚。每個人穿自己感覺合適的鞋，走自己選擇對的路，才能走的順、走得遠；如果穿上別人的鞋，即使漂亮，假如不合腳，那也走不好路。同樣地，每個國家按照符合自己文化特徵的道路發展，才能發展的順暢、持久；如果按照別人的路線圖行進，但卻與自己的國情相去甚遠，那肯定會走得很艱辛，甚至出現南轅北轍的情況。美國人總想讓別人穿美國樣式的鞋子，讓別的國家按照美國的制度進行治理，因此只能成為麻煩製造者。

實際上，與西方中心主義的邏輯相比，中國和而不同的邏輯更具有普遍的世界意義。如果說西方中心主義的話語是「霸權話語」，其本質就是要用自己的話語消滅並替代其他話語，那麼中國的話語則屬於「和諧話語」，其實質則是建立各話語系統之間的和而不同、相互交流的關係。西方話語自詡是普世的，他們總想用各種方式甚至以武力碾平不平坦的道路。中國的話語是體現中國特色的，但也是為世界添彩的話語，中國話語不是要取代其他話語，而是作為眾多話語方式中的一種。中國

的協和萬邦，不是讓別人按照中國的樣子生活，而是不同國家間的相互尊重。和而不同的實質是差異間的和諧共生。其目標不是「我花開後百花殺」，而是「萬紫千紅春滿園」。

第二節　如何看當今資本主義系統性危機

　　資本主義是作為封建主義社會的對立物和替代者而出現的，在人類歷史發展中曾經發揮了極大的推動作用。資本主義生產方式開啟了人類社會的現代化進程，在短短幾百年的時間內創造了超過以往千萬年所曾經積累的財富，讓人類整體上有了生存的物質保障和享受閒暇的可能性。資本主義開啟的大工業生產方式，推動了人類對自然規律的認識和利用，科學技術被不斷地推向新的廣度和深度。歐洲國家借助於資本主義生產方式的推動，伴隨科學探索及世界地理大發現，基於資本增值欲望的推動，把資本主義貿易推向了世界的每個角落。歐美國家成為現代化進程中「具有世界歷史意義」（黑格爾語）的帶頭的民族國家。先是義大利，隨後是西班牙、葡萄牙、荷蘭，接著是英國在成功壓制了法國之後的世界霸權的建立，再後來就是在德國等國家的挑戰下，英國的相對衰落和美國的強勢崛起。

　　作為一種生產方式和社會制度，資本主義自出現之後，就不斷地大踏步地在這個星球上擴展。期間基於其內在的矛盾，曾經歷過許多次大的經濟危機，並且在二十世紀初先後導致了兩次世界大戰。資本的貪婪邏輯攜帶現代化進程中獲得的巨大能量，導致了兩次世界大戰，戰爭摧毀性的蹂躪對西方資本主義社會造成了嚴重打擊，使資本主義體系出現了某些薄弱環節，由此，在資本主義世界薄弱環節上先後湧現了蘇聯、東歐、中國和亞洲等國家的新的社會革命，這些國家開始探索社會主義的發展道路。社會主義制度的橫空出世，給資本主義造成極大的壓力，也逼迫其自我反思。資本主義社會開始吸收許多社會主義制度的要素，

從而使蠻橫的資本主義點綴了許多「人道」文明的色彩，在不同程度上大大緩和了資本主義社會內部的矛盾。因此，二戰之後西方資本主義國家出現了恢復性的快速發展，並且趁著社會主義國家在探索道路上出現的某些失誤，通過封鎖、壓制、污蔑、利誘和顛覆等各種手段，使某些社會主義國家在二十世紀八、九〇年代放棄了社會主義制度，轉而重走資本主義道路。資本主義的某些代言人為此彈冠相慶，有些人甚至忘乎所以地聲稱「歷史終結了」，也就是說，歷史在邏輯的可能性上就終結在資本主義的自由經濟和所謂的「民主政治」上，今後任何發展都只是量上的擴張和質上的優化而已。人類的歷史怎麼可能終結呢？相反地，人類邁向「自由王國」的社會活動僅僅剛剛開始。二十一世紀的社會發展，已經無情地嘲弄了「歷史終結論」。有道是，「沉舟側畔千帆過，病樹前頭萬木春」。在人類現實和未來的發展進程中，被終結的恐怕將是「歷史終結論」本身。

當資本主義社會的衛道士沉浸在「不戰而勝」的竊竊自喜時，殊不知西方社會也開始加速積累著內在的矛盾和問題。先是在資本主義體系的邊緣出現紊亂，譬如，二十世紀末和二十一世紀初先後席捲墨西哥（1994年）、東南亞（1997年）、韓國（1998年）、阿根廷（2001年）等國家和地區的金融風暴，大都與索羅斯這樣的資本大鱷貪婪套利有關，目的是資本主義世界體系的「中心」地帶對「邊緣」附屬區域的掠奪，但是這種行為不僅不能補救中心地帶的問題，反而開始造成衝擊資本主義的中心地帶的破壞力，如日本經濟泡沫在二十世紀末的破裂，直到現在用盡「安倍經濟學」各種強心劑，就是見不到經濟有明顯的色。隨後是二十一世紀初在美國，擁有上千億資產的安然公司二〇〇二年在幾周內破產，這起因於持續多年精心策劃乃至制度化系統化的財務造假醜聞。此時，美國房地產領域的次貸問題已經為新的危機積累著更具破壞性的負能量了。所謂次貸危機全稱為「次級抵押貸款危機」，是由美國

次級抵押貸款市場動盪引起的金融危機，這場因次級抵押貸款機構破產、投資基金被迫關閉、股市劇烈震盪引起的風暴，從二〇〇七年八月起席捲美國、歐盟和日本等世界主要金融市場。實際上，這場金融風暴的出現，是一個長期的、全面的、系統的積累過程。自二十世紀末開始，在貨幣政策寬鬆、資產證券化和金融衍生產品創新速度加快的情況下，房利美和房地美即「兩房」的隱性擔保規模迅速膨脹，其直接持有和擔保的按揭貸款和以按揭貸款作抵押的證券由一九九〇年的七千四百億美元爆炸式地增長到二〇〇七年底的四點九萬億美元。在業務迅速發展過程中，「兩房」忽視了資產的品質，甚至把負資產當作資產來運作，從而成為孕育這次席捲全球的金融風暴的繈褓。

自從美國次貸危機以來，到目前差不多已經有十年的時間了。在這期間，資本主義世界的危機就像海嘯般一波接一波地引起世界範圍內的金融動盪，造成許多資本主義國家市場混亂、經濟增長乏力以及社會不公平現象加劇。西方發達資本主義國家內部矛盾難以解決，它們卻打著反對恐怖主義的旗號，熱衷於通過對外干預轉移國內的視線，這又造成阿富汗、中東等地的混亂。與此同時，對西方干預的憤怒轉化成為仇視性的極端主義和恐怖主義，恐怖主義使原本安享平安生活的西方社會也出現了令人膽戰的恐怖性攻擊，再加戰亂導致的移民浪潮使歐洲各國應接不暇、不堪重負，這進一步加深了西方世界各個國家之間以及各國內部社會不同階層之間的分裂。西方國家內部因矛盾的激化而被撕裂，民粹主義高漲，貿易保護主義抬頭，右翼極端主義思想沉渣泛起，西方精英多年來所精心描述出來的價值觀和所謂政治正確的要求遭到了底層民眾的質疑、嘲弄和挑戰，奧地利差一點選出一個極右派的總統，義大利總理倫齊因改革方案在全民公決中失敗而黯然下臺，法國的奧朗德面對右翼勢力的猖獗卻毫無還手之力，早早宣布不再參選下一屆總統。所有這些現象，在美國大選中得到淋漓盡致的表現。一個公開出言不遜歧

視其他民族、歧視甚至侮辱女性的人，居然在選舉中笑到最後，讓全世界的人都大跌眼鏡。從以上各種現象可以判定，資本主義世界的這次危機不是偶然出現的，而是自身發展邏輯所必定導致的系統性危機。

說這次危機是系統性危機，一方面表現在危機波及範圍的廣泛性。在美國的次貸危機泡沫破滅之後，美元的世界性地位立即使全球金融市場和實體經濟處在危險的不確定性之下。美國次貸危機本身的衝擊波就已經使世界資本市場風聲鶴唳了，再加上美國人利用自己手中掌握的金融工具，力圖首先讓自己掙扎上岸，採取了長期「量化寬鬆」等各種轉嫁危機的做法，這就不僅不能消除危機，而是讓危機進一步擴散開來，威脅到世界各個經濟體。先是冰島銀行癱瘓，接著是愛爾蘭的金融紊亂，隨後葡萄牙、西班牙、義大利等國家的經濟困難，隨後是震動整個歐洲和世界的希臘瀕於破產的事件。在希臘危機之後，歐元區就不時處在解體的危險之下。原來高歌猛進的歐盟擴展勢頭，已經明顯處於停滯不前的狀態。在這種困難境遇下，歐洲顯然難以保持團結一致，匈牙利等國家對歐洲難民政策公開唱反調，英國居然因一次倉促的半信半疑的公投而退出歐盟。基於西方發達國家自私自利的做法，許多政客甚至拋開原來所自詡的自由貿易的幌子，公開鼓吹貿易保護主義，對發展中國家的貿易設定各種壁壘。這些做法不僅使資本主義的危機波及作為發展中國家的新興經濟體，而且也導致資本主義世界內部的糾紛。過去，西方發達國家曾經高舉自由貿易的大旗，大肆向發展中國家傾銷商品，把發展中國家當作他們的商品市場和初級原料的來源地。當發展中國家有了一定的競爭力的時候，西方世界卻開始想盡各種辦法進行貿易保護了，這充分說明了資本主義價值觀的虛偽性。

另一方面，這次資本主義世界的危機之所以是系統性的危機，也在於危機不僅在金融領域，而且也進一步影響到製造業、國際貿易，並進而影響到社會結構和社會關係的變化，以致出現價值觀危機和文化危

機。美國人利用掌握金融手段的便利，不斷地轉嫁危機，輸出混亂與「問題」，這不僅導致歐洲經濟出現紊亂，也引起世界性的貿易萎縮和經濟下行。西班牙、義大利、法國、東歐國家的經濟都先後出現困難，希臘經濟更是一瀉千里。美國雖然最早脫離了險境，但卻只能解決表面問題，而對造成危機的結構性問題卻束手無策。譬如，美國經濟即使增長，卻仍然無法解決失業率高企和貧富分化的難題。這導致美國社會結構的退行性變化，即讓曾經使美國保持穩定和強勁發展的中產階級居然出現縮小的趨勢，即使許多人勉強仍然處於中產階級的行列中，也出現了中產階級收入整體下降的趨勢。美國的中產階級在萎縮，成為不爭的事實。皮尤研究中心二〇一五年十二月分的一份報告中指出：「高收入家庭的收入占到美國二〇一四年總收入的百分之四十九，比一九七〇年的百分之二十九有所上升。中等收入家庭的收入在二〇一四年占到百分之四十三，比一九七〇年的百分之六十二顯著下降。」[1]另外，如果老牌資本主義國家還能夠勉強徘徊的話，處於資本主義世界體系邊緣的國家就更加困難了。譬如，巴西經濟連續多年負增長，剛剛走向資本主義制度的俄羅斯也是一路下滑，仰仗石油而富甲天下的沙烏地阿拉伯等國家，也開始進行資本的結構性調整，嘗試著精打細算、節衣縮食了。

資本主義系統性危機的根源不是別的，而是資本主義生產方式和社會制度本身。全球化貿易和大規模生產及市場活動與生產資料掌握在少數人手中的矛盾是所有亂象的禍根。資本的逐利本性必然導致經濟出現供需之間的不平衡，並進而導致經濟鏈條的斷裂。華爾街為代表的金融大亨，為了維持自己的高收益，不僅任由泡沫泛起，而且更是把負資產當作新的金融產品再賺一把。泡沫越吹越大，危機也就越來越深。實際

---

1 查理斯·M·布洛：〈美國理想主義走向終結〉，原載於《紐約時報》，《參考消息》，2016年3月10日。

上，危機不是生產力過剩，而是供需之間的結構不匹配。而供需之間的不平衡則起因於貧富之間不合理的分配比例。皮凱迪在《21世紀資本論》中指出，因為資本的收益率遠遠高於生產力的增長速度，因此資本主義社會的兩極分化必定日趨嚴重，當貧富懸殊達到一定程度必然造成社會的結構性危機。哈佛大學教授邁克爾‧桑德爾也指出：「二十世紀八〇年代以來的新自由主義的全球化果實分別以百分之一、百分之五和百分之十的比例流入到最上層人群中，中產階級和工人階級感到自己落在後面、被排除在外。大部分工人的生活沒有改善，一部分的生活甚至變差。中產階級和工人階級越來越強烈地感受到，在社會上得不到尊重，被精英階層瞧不起。憤怒和怨恨情緒不斷累積，導致他們渴望變化。」[2]資本主義世界卻難以從自身的系統性危機泥潭中走出，除了其自身即資本的演進邏輯之外，資本主義社會所依據且進一步強化的個人主義推動的貪婪和爾虞我詐，不僅不能讓大家攜手走出困境，而且以鄰為壑的做法往往進一步惡化的這種危機。

資本主義的系統危機也與其政治制度的僵化和民主制度的劣質化有關。按照邱吉爾的說法，民主制度不是最壞的制度，在近現代歷史上曾經發揮過重要的進步作用。但是，在歲月的侵蝕之下，西方式民主制度已經生銹。這首先表現在重競選，而輕執政。競選語言甚至已經成為可以理解的手段，實際政績卻變得不那麼重要。為了攫取權力，政客們往往許諾許多超出客觀條件的福利，結果不是流於清談的「放空炮」，就是造成巨額虧空和加重財政負擔。其次，民主政治被資本綁架，成為資本逐利的工具。許多西方學者的調查發現，「左右美國政策的不是民主，而是財閥。」[3]院外遊說制度居然可以合法、公開地推動有利於某

---

2 桑德爾：〈特朗普難以終結全球化〉，《參考消息》，2017年1月5日。

3 張哲、鄭誼：〈美國為何完全不像一個民主國家〉，《中國社會科學報》2013年8月26日。

些集團商業利益的政策。歐巴馬總統在演講中承認，美國的政治體系往往看起來「傾向於富人、有錢有勢者和一些特殊利益集團」。[4]根據美聯社聯合國二〇一六年九月十三日電，即將離任的聯合國祕書長潘基文在接受採訪時，對多年打交道的西方國家領導人表達了極度失望的心情。他說，對很多西方領導人來說，「不擇手段」實現當選才是最重要的，「一旦當選……他們就會高高在上地實施統治，他們通常都很腐敗，也不尊重民眾的聲音」。[5]最後，只為爭奪政權的競選，逐漸毒化了政治生態，不僅使社會被撕裂，而且因這種撕裂導致社會的極端化現象。耶魯政治學家胡安・林茨在《總統制的危險》曾警告，我們這種總統制民主天生不穩定，容易癱瘓和垮掉。政治鬥爭應該存在「適度共識」，即兩大黨達成文明妥協的中間地帶。如果沒有這樣的地帶，就沒有民主原則能夠解決權力的爭鬥。問題是，這一中間地帶已然不復存在。[6]歐巴馬總統告誡說：「如果只有最極端的聲音得到關注，我們的公共生活就會失去活力。」[7]在一個極端對立的社會，就會失去為公共利益達成妥協和形成共識的能力，而公共利益和社會共識是社會合理運行的前提。

資本主義的系統危機還與資本主義文化邏輯密切相關，這種文化邏輯是基於資本主義的生產方式，同時也敘述和表達了其生產方式。在資本主義初期，自由、平等、民主等價值觀有利於為新興資產階級爭取權利，因而資本活動容易與價值觀相協調。可是，隨著資產階級獲得政

4　格雷格・賈菲：〈美國社會「互不信任」根深蒂固〉，原載《華盛頓郵報》2016年2月13日，《參考消息》，2016年2月23日。

5　〈潘基文對很多西方領導人失望〉，《參考消息》，2016年9月15日。

6　威廉・福爾克：〈民主是如何垮掉的〉，見《美國民主「容易癱瘓和垮掉」》，原載《一周》2016年2月26日，《參考消息》，2016年2月29日。

7　格雷格・賈菲：〈美國社會「互不信任」根深蒂固〉，原載《華盛頓郵報》2016年2月13日，《參考消息》，2016年2月23日。

權，資本的逐利趨勢和價值觀的理想取向之間就開始齟齬不合了。西方國家的政客不斷高調宣揚所謂「普世價值」，可一遇到利益衝突就暴露了自私自利的真面目。長此以往，這種虛假的價值喧囂反而讓「崇高」和「理想」變成可笑的對象。桑德爾指出：「現行的全球化以強烈的個人主義為哲學。美國走上了極端的個人主義。……英國和歐洲正緊跟在美國後面。」[8]查理斯・M・布洛認為，「美國的理想主義已經終結」並且進入了「後理想主義」時代。[9]實際上民粹主義的出現就是這種文化邏輯的產物。在後理想主義時代的現實中，「魅力比思想重要。實力比原則重要。粗鄙令人感到耳目一新，真實可靠。」[10]由於歐洲的民粹主義，勒龐為代表的右翼開始獲得大眾越來越多的回應；也是由於美國的民粹主義，處於美國下層的藍領階層和「富豪民粹主義者」居然找到了共同點，對於特朗普對傳統政治家和精英階層尖叫和「掌摑」的場景異常興奮。「特朗普主義」並不是一個連貫的思想體系，而是一種處於「即興姿態」的揮發性混合物，目的是吸引邊緣化的勞動者，憤懣的中產階級以及那些深感無法被華爾街共和黨人和自由民主黨人所代表的建立在身分政治基礎上的人群。「民族—民粹主義的出現，反映了資本主義社會的碎片化和美國種族—階層結構中橫向和縱向的深層次裂痕。」[11]

總之，資本主義社會處在一個歷史轉振點上，新自由主義的藥方已經失效，華盛頓共識已經不成其為共識，西方的民主制度在演進中得出

8　桑德爾：〈特朗普難以終結全球化〉，《參考消息》，2017年1月5日。

9　查理斯・M・布洛：〈美國理想主義走向終結〉，原載《紐約時報》2016年3月7日，《參考消息》，2016年3月10日。

10　布雷特・斯蒂芬斯：〈特朗普現象讓人警醒〉，原載《華爾街日報》2016年3月7日，《參考消息》，2016年3月14日。

11　詹姆斯・彼得拉斯：〈美國大選凸顯政治極化民粹崛起〉，原載《起義報》2016年3月1日，《參考消息》，2016年3月3日。

自我嘲弄的結果,「普世價值」已經自我暴露為偏狹性的話語體系。正如西方學者說的,「特朗普或許並非僅此一個,一種美國式的『專制主義』如今已經如有實體。這似乎是當今一個令人擔憂的真實危險。未來它還可能重現。」[12]人類社會必須不斷革新發展,世界需要尋找新的可能性。英國學者羅思義(John Ross)認為「中國的社會主義模式優於資本主義模式」,理由是不是「當前世界上增長最快的經濟體並非遵循……『華盛頓共識』發展,反而是仿效中國的『社會主義發展戰略』或深受其影響」;二是「仿效中國的發展戰略或深受其影響的國家對世界減貧的貢獻率是百分之八十五,而資本主義國家的貢獻率僅為百分之十五。」[13]難道這其中沒有某種啟示嗎?

---

12 〈「怪物」特朗普惡化美政治生態〉,原載《金融時報》2016年3月1日,《參考消息》,2016年3月4日。

13 羅思義(John Ross):〈沒錯,「中國模式」優於「西方模式」〉,《環球時報》,2016年9月20日。

第三節　西方社會亂局的制度性根源

　　某些西方學者曾經傲慢地認為，人類歷史已經在西方社會形態中近乎完成了文明發展邏輯的極限，歐美社會已經以富裕、穩定、治理良好民主政治和市場經濟實現了「歷史的終結」。然而，歷史的進程卻無情地否定了這種武斷的自我標榜。近年來，歐美發達國家出現了許多混沌、紊亂甚至失序的現象，如金融危機、經濟停滯、暴恐頻發、選舉亂局、民粹主義興起、右翼極端主義暗潮湧動，在歐洲還有失業和難民問題的困擾，在美國不僅槍支氾濫，而且仍然有「習慣性」種族歧視所導致的「國家暴力」——頻繁出現員警槍殺黑人的事情——引發的社會抗議和騷亂。面對這些亂局，西方社會卻找不到解決問題的方法，即使開出藥方，也在社會分裂相互掣肘的狀態中無法實施救治，西方社會似乎已經失去了自我調節以達到自愈的能力。這不僅讓原本自視很高的西方世界感到十分尷尬，而且也在無情地侵蝕和消解著西方社會的自信心。

　　西方國家的亂局絕不是偶然的現象，更不是出於運氣不佳。實際上，在這些現象的背後有著深刻的制度性根源，這些制度性問題的積累也遠不是一日之寒，而是長期積鬱而成且難以自愈的社會病理症候。

　　自從文藝復興歐洲文明展露出崛起的晨曦，借助「個性伸張」「人格平等」「權利自由」「冒險精神」等新價值觀的推動，通過新大陸的發現、殖民地的開拓、自然科學理論的突破、資本主義法律和制度以及工業革命等一系列具有世界歷史意義的進程，西方社會跨越式地走在了世界發展進程的前列，成為現代性和世界歷史前行的引領者，獲得了幾個世紀的全球霸權地位，給整個人類的現代化進程打上了深深的西方文

化烙印。不過，在斗轉星移的漫長歷史之中，西方也在積累著使自己衰老和患病的問題和矛盾。

首先，歐美的資本主義制度中對個人主義的放縱不斷侵蝕著公眾利益。自由與民主曾經使西方國家充滿了首創精神，不斷激發著社會的活力。但是，當自由主義的價值追求失去了其鬥爭對象的封建主義與之對立時，其中所蘊含的個人主義卻有走向極致的癌變趨勢。按照托克維爾的理解，自由主義個性解放的理想會落入個人狹隘利益的窠臼。歐美社會的現狀證明了這個趨勢的客觀存在。譬如，美國學者貝瑞和威爾科克斯就發現，「美國政治制度的核心層面存在著一個難解的困境。」[14]這就是說，在一個所謂「開放和自由的社會」，人們可以自由地（有時是肆無忌憚地）追求自己的利益，「即便他們所主張的政策可能會傷害他人，並且可能不符合國家的最高利益。」而困境就在於，如果政府不允許人們追求自己的利益，它就取消了他們的政治自由。當人們處於自由競爭狀態下時，這種利益的博弈還是可控的，但是當資本的力量借助壟斷發揮其能量的時候，利益集團就可以借助不受約束的自由壓倒普通群眾分散的自由。按照美國學者自己的說法就是，「在我們這樣的制度下，利益集團一直向政府施加壓力以實行一些損害一般公眾利益而有益於小部分選民的政策。」[15]普通群眾沒有足夠的財力組成政治團體，也不可能形成促進自己利益的政治議題，而財力雄厚的利益集團卻能夠操弄政治進程和議題。在西方國家，「利益集團是一種癌，在國家機體內擴散卻得不到遏制，使國家機體腐敗、虛弱。」[16]譬如，學者的調查發

---

14 〔美〕貝瑞、威爾科克斯著，王明進譯：《利益集團社會》（北京市：中國人民大學出版社，2012年），頁2。

15 〔美〕貝瑞、威爾科克斯著，王明進譯：《利益集團社會》（北京市：中國人民大學出版社，2012年），頁3。

16 〔美〕貝瑞、威爾科克斯著，王明進譯：《利益集團社會》（北京市：中國人民大學出版社，2012年），頁23。

現「美聯儲治理中存在嚴重的違背公眾利益的行為。」「暴露了美聯儲用祕密的應急貸款來偏袒華爾街大型利益集團的事實，包括對那些列席地區聯儲銀行理事會的銀行家的大力支持。」[17]這就是為什麼華爾街的大亨們引出了禍及全球範圍的金融危機，但他們自身卻仍然能夠享受極為懸殊的超高薪酬。

其次，資本的壟斷、財富的集中及日益擴大的經濟不平等是西方社會矛盾激化的原因。由於社會主義運動的壓力，也是由於工人階級鬥爭的緣故，西方國家曾經經歷了某些改革，使不平等現象變得溫和些，這減弱了社會矛盾，促進了西方國家在二戰之後的經濟繁榮和社會發展。但是，東歐劇變之後，資本的本性再次暴露無遺，不斷擴張自己的欲望，壓縮勞動群眾的利益空間。很明顯，「如果放任自流，基於私人產權的市場經濟包含強有力的趨用力量……，這將潛在地威脅各民主社會以及作為其基礎的社會正義價值。」[18]在新自由主義思潮的推動下，資本的力量借助經濟全球化的時機，在經濟政策上逐步擺脫了中下層人民群眾的壓力和公平價值觀的約束。為了轉移矛盾，上層精英還在政治上操作議題，把勞動階級利益的被剝奪說成是國外競爭和外來移民的緣故。實際上，真正的禍根仍然是資本的集中與壟斷。正如皮凱蒂指出的，「勞資之間的分立造成了諸多衝突，首要原因是資本所有權的高度集中。財富的不平等，以及由此產生的資本收入之間的不平等，事實上比勞動收入的不平等要大得多。」[19]例如，在美國，二十世紀六〇年代

---

17 〔美〕蒂莫西・A・卡諾瓦：〈誰在掌控美聯儲？〉，《國外社會科學文摘》2015年11月號，頁36。

18 〔法〕托馬斯・皮凱蒂著，巴曙松等譯：《21世紀資本論》（北京市：中信出版社，2014年），頁453。

19 〔法〕托馬斯・皮凱蒂著，巴曙松等譯：《21世紀資本論》（北京市：中信出版社，2014年），頁32。

中期至八〇年代中期期間出生家庭收入處於百分之二十收入底端的一個美國人，他在成年時進入百分之二十收入中端或以上的機會大約為百分之三十，而出生在家庭收入處在百分之二十收入高端的一位美國人，他在成年時進入百分之二十收入中端或者以上的機會則為百分之八十。而「在一個機會完全平等的社會裡，人人都會有相同的機會——百分之二十——進入收入的各個等級，也有相同的機會——百分之六十——進入收入的中端或者高端。」這種差異意味著在家庭背景不同的美國人中存在著相當大的機會不平等。另外，美國社會其他方面的機會不平等在最近幾十年裡也顯著加大了。考試分數、完成學業的時間、選擇的職業以及父母及其孩子收入的有效總匯充分表明，「這種機會差距在二十世紀七〇年代之前一直在不斷縮小，而現在則在不斷擴大。」[20]這就是為什麼美國出現了百分之九十九抗議百分之一的佔領華爾街的運動。實際情況更加嚴重，按照薩默斯的說法，「收入增速比頂層百分之一更快的人群只有兩個，就是頂層百分之零點一和頂層百分之零點零一。」[21]顯然，西方「社會流動性隨收入不平等的加劇而減弱」了。在歷史上，美國本來比歐洲擁有更大的社會流動性，這種經濟開放性是其經濟活力的基本來源。但近期的一系列研究卻表明：「在當今美國，個人改變出生時社會階級屬性的難度要高於歐洲。」另外，美國的教育也從促進階層流動變得越來越不公平。「超級精英無節制地將資源用到自己孩子身上，而公立學校則資源匱乏。這是一種新的封閉。精英教育越來越只適用於上層社會。」只不過是，「美國的封閉採用了更隱蔽的形式：讓經濟規律

---

20 〔美〕雷恩・肯沃斯：〈美國是如何變得不再充滿機會的〉，原載美國《外交》2012年11、12月號，《國外社會科學文摘》2013年3月號，頁4。

21 〔美〕勞倫斯・薩默斯：〈富人的優勢不僅在於錢多〉，見《資本主義怎麼了Ⅱ——中外學者熱評〈21世紀資本論〉》（北京市：學習出版社，2014年），頁140。

的天平倒向社會上層那一端。」[22]戰後資本主義國家的「繁榮」，是建立在「福利資本主義」或所謂「有良心的」資本主義弱化了勞資矛盾的基礎上的。現在，資本的任性促使資本主義再度野蠻化，從而激化了社會的矛盾，孕育了許多難以化解的社會問題。

第三，西方國家的民主制度因不同利益集團之間爭鬥而逐漸導致劣質化。在群眾運動的鬥爭和壓力之下，西方的民主的確有一個逐步擴大、逐步普遍化的進程，這也是西方國家二十世紀上半葉出現持續繁榮的原因之一。但是，制度上把民主只理解為政治權力的票決，不僅窄化縮小了民眾的民主權利，而且為資本的操縱留下了很大的空間。被資本控制的片面化的「民主」操作，導致不同利益之間為攫取權力進行不擇手段的搏鬥，不僅撕裂著社會，而且也讓民主制度劣質化。米爾斯在《權力精英》一書中認為，美國是被有財富和權力的階層組成的少數人統治的。精英階層是社會議題和進程的真正決策者，「『民主』實際上是糊弄大眾的幻象」。[23]「權力關係就是力量關係」。[24]為了博取選票，黨派競爭演化成為演講技巧甚至「顏值」的比拼，而真正的治理規劃和理念卻被遮蔽了。選出來的候選者往往不是真正有經驗的政治家和社會活動者，反而是一些巧言令色、善於用許諾博取好感的人。讓美國人自己感到煩惱和無奈的這一輪總統選舉——最後的競爭者是希拉蕊・克林頓和特朗普——是這一趨勢的最新發展。這些人上臺之後就把自己的許諾拋到九霄雲外，即使有些信念的人開始學著執政，到有了點感覺，仍然要考慮連任的需要，不敢進行觸動利益集團乳酪的真正改革。英國前

22 關欣譯：〈自我毀滅〉，原載《紐約時報》2012年10月13日，《國外社會科學文摘》2013年4月號，頁41。

23 〔美〕貝瑞、威爾科克斯著，王明進譯：《利益集團社會》（北京市：中國人民大學出版社，2012年），頁12。

24 〔法〕布林迪厄著，楊亞平譯：《國家精英》（北京市：商務印書館，2004年），頁686。

首相布雷爾就承認,「在我們的體制中,產生了強大的利益集團,它們能阻攔我們進行實質的、必要的改革。」[25]當執政者沒有連任的顧慮的時候,他的執政歲月也所剩無幾,已經來不及實現自己的想法了。奧巴馬的競選口號是,我們可以改變。現在看來,他基本沒有改變什麼,連關閉關塔那摩黑監獄都無法兌現,他所能改變的就是自己的頭髮變白了。

最後,壟斷資本所產生的軍工綜合體以及殖民主義基礎上形成的文化霸權,促使西方國家任性地干預國際事務,不僅引起許多發展中國家的動盪和戰火,而且也反過來危及西方國家內部的經濟穩定和社會安全。幾個世紀以來,特別是十九世紀以來,經濟實力的極端集中使得人口僅占全人類一部分的西方世界,成為國際政治經濟事務和全球治理規則的制定者,這就促成了西方的傲慢。西方高人一等的霸權意識致使它們到處干預,不僅摧毀了當地國家的社會秩序,而且也耗散著西方自身的力量,西方已經有捉襟見肘之態勢。軍工綜合體為了自身的利益,不斷挑起戰端,並因此賺得盆滿缽滿,但是巨額軍費的負擔卻落在普通人民頭上。歐美對阿富汗、伊拉克、利比亞、敘利亞等國家的一系列軍事干預,不僅沒有抬高西方的權威,反而加速了西方的相對衰落。一方面,西方的干預不僅沒有給那些國家帶來文明,反而使其陷入烽火連天和水深火熱的境地;另一方面,不斷攀升的高額軍費,也在根本上動搖著西方國家的結構,影響著國內的民生發展。另外,讓干預者始料不及的是,西方國家引起的戰火造成了大量的難民,這些難民不斷地湧向歐洲,給歐洲和國際社會造成很大的壓力。更加可怕的是,哪裡有干預,哪裡就有反抗。被干預國家的人民反而變得更加反美反西方,極端主義

---

25 〔英〕托尼・布雷爾:〈民主已死?——真正的民主體制不僅僅是賦予民眾投票權〉,《西式民主怎麼了Ⅲ》(北京市:學習出版社,2015年),頁183。

無非是反抗者絕望的一種極端表現。在某種意義上，恐怖主義就是這種反西方反美傾向的極端化。實際上，西方自以為是的蠻橫霸權是恐怖主義的始作俑者。問題主要在於，西方國家不能平等地對待非西方國家。在歐美人看來，非西方國家基本上沒有能力在國際事務中發揮建設性的作用。特別是進入新世紀之後，西方國家不能積極地看待中國及其他新興工業國家的崛起，反而把發展中國家的發展以及新興國家提供越來越多的國際公共產品看作是對自己霸權的挑戰。西方人驚呼：「我們正處在實力從西方轉向亞洲的歷史性轉捩點上」。以西方為中心的世界觀，讓西方人習慣性地低估了非西方文明和發展中國家在以往歷史發展中的作用，現在則是不斷用所謂「再平衡」「接觸中的遏制」等等來圍堵、壓制中國，這種行為將在更大的程度上消耗西方的物力和道德資源。實際上，只有允許發展中國家參與世界事務和全球治理，才能建立更加民主、更加公平、更加合理的世界秩序，從而提供人類應對全球問題的挑戰。過去，西方人總是對亞非國家的事務指手畫腳；當下，西方國家也應該反思一下了，西方社會如果不進行比較深入、比較徹底的制度性改革，其衰敗趨勢就難以挽救了。

第四節　當代世界的不確定性和中國治理新理念

　　德國社會學家貝克說當代社會是「風險社會」，這是因為人類掌握數量越來越多、功能越來越強的可以改變世界的技術手段，但人類駕馭自己欲望和情感的德性似乎卻沒有明顯相應的提升，人類對世界的改造所產生的變化，再加上不同的人、不同的群體相互矛盾的利益追求，人類就越來越陷入了越來越多的不確定性之中，人類的前景是禍是福，人們似乎越來越難以判定了。正是基於此，我本人對當代社會和人類文明有某種深深的憂慮：當前，似乎全世界都處於某種混亂狀態，或者說，社會處於「混沌」狀態，處於一種明顯的「不確定性」之中。由於歐美政治直至軍事干預所形成的中東的亂局[26]，導致社會分崩離析、民眾生靈塗炭、「伊斯蘭國」等極端主義崛起、恐怖主義活動成為常態、難民和人權問題日益嚴重；由於經濟全球化造成的世界格局的變化，歐美民粹主義和民族主義勢力抬頭，英國脫歐公投、美國特朗普當選總統且公開鼓吹「美國至上」和貿易保護主義；法國尼斯慘案、美國達拉斯槍擊員警案、德國慕尼克槍擊案和柏林的卡車撞人案、英國國會附近的襲擊案等事件。……二〇一七年二月在慕尼克舉行的安全會議，主題是「後西方、後西方、後秩序」，充分反映了當前世界對未來前景的茫然狀態。

---

26 路透社2016年5月16日電稱，教皇方濟各批評西方列強試圖向伊拉克和利比亞這樣的國家輸出自己品牌的民主，而不尊重當地的政治文化。他說：「面對當前的伊斯蘭恐怖主義，我們應當對太過西式的民主向一些國家的輸出方式提出質疑，這些國家存在強有力的政權和部落制度。」「就像一個利比亞人最近說的，『我們過去只有一個卡扎菲，現在卻有50個』。」（〈教皇批評西方搞「民主輸出」〉，《參考消息》，2016年5月18日）

先看西方世界，美歐國家借助冷戰的勝利，不斷進行顏色革命，壓縮戰略對手的活動空間和發展可能性，胃口越來越膨脹。到他們對中東地區進行干預，不僅沒有能夠按照西方人「先驗」設定的民主模式改造中東，反而讓中東陷入了難解的錯綜複雜的混亂之中，西方人出現了無力感，另外基於中國、印度等亞洲國家的崛起導致了西方自身的自信心受挫感。歷史的辯證進程，使西方的價值觀本身所產生的影響反過來也對西方社會造成了傷害——譬如，他們的人權高於主權旗幟下的干預所造成的無序、混亂、恐怖主義、難民、偷渡，等等——在改變著當代歐洲的秩序。英國脫離歐洲，標誌著歐洲一體化進程的反撥，也許是歐洲重新碎片化現象的開始；不僅在歐洲與亞洲、非洲接壤的文化邊緣地帶，如巴爾幹、高加索、烏克蘭等地方出現紊亂，而且在法國、比利時乃至德國都不斷地發生嚴重的恐怖事件。在北美，美國特朗普、桑德斯現象，說明了右翼和左翼民粹主義的崛起；另外，達拉斯等地出現了美國黑人連續有意識地槍擊員警的案件，這也許是美國內部體制性分裂的開始。社會紊亂，是社會內部病態問題的症候。

　　在西方，由於西方資本主義制度本身基於戰後成功發展後的停滯和老化所造成的彷徨和無力感，面對新興市場經濟國家的迅速崛起，歐美社會也出現了不知如何才好和深感力不從心的心境。對中國來說，由於中國共產黨和中國人民一直進行自覺的改革，而且明確要不斷深化改革，問題是「如何變才是對的」；對於歐美來說，在蘇聯解體之後，歐美一直認為自己是所謂「普世價值」的代表，人類文明的歷史已經終結了，但是全球形勢目前的演化，讓西方世界也無法像上個世紀末那樣自信了。由於亞洲特別是中國這樣一個有著獨特文明和價值觀的大國的迅速崛起，現在許多西方人也開始反思自己的道路和模式了，也就是說西方人目前所面臨的局面是：「變，還是不變？這是個問題。」奧地利前總理沃爾夫岡・許塞爾：「中國走了一條不同於西方國家的道路，中國

政府著眼長遠，政策具有延續性和穩定性，這是西方國家應該學習的地方」。[27]而特朗普一句「美國優先」，就把西方人在意識形態的優越感搞成一地雞毛，也讓許多盲目崇拜美國的人感到茫然無助，「普世價值」似乎應聲化為泡影。

實際上，整個世界都面臨著迅速變化帶來的不確定性，讓世人感到焦慮不安。中國已經深深地捲入經濟全球化，我們也無法完全置身事外。在世界已經變成一個「一榮俱榮、一損俱損」，你中有我、我中有你的「地球村」的情景下，中國也無法完全置身事外，必須未雨綢繆，在反思經驗教訓的過程中探索發展的新理念、新方向，所以，中國開始闡述「人類命運共同體」的新國際觀。

中國改革開放發展到現在，不再是解決迫在眉睫的溫飽問題，但溫飽之後的財富、享樂、聲譽的追求，讓一些人在熙熙攘攘的職場中忙忙碌碌，生活的意義感何在卻難得有思考，社會似乎擺脫了饑饉的危險，但卻出現了秩序紊亂的可能。意義的缺失動搖了社會規範的嚴肅性，從而進一步增加了失序的危險。目前中國社會的風險，與其說是經濟發展的問題，不如說是如何保持持續穩定發展的制度性安排問題，更加重要的是在生活水平提高後一些人陷入無意義的虛無感之中，在社會經歷了「祛魅」之後，如何給生活賦予新的真實的意義。下一步我們應該如何走，不同的人有不同的想法；人們意識形態方面的分化，在互聯網為代表的新媒體推動下，更容易出現分裂化、對立化甚至「極化」的現象。人們都因權利意識的覺醒而堅決捍衛自己的利益，許多人沉溺於自己的一己私利而對義務卻缺少同樣力度的擔當；許多人執著於自己特殊視角的認識，不僅不願接受更廣闊是視野，甚至排除所有不與自己一致的觀

---

27 劉向：〈西方應該學習中國政府著眼長遠——專訪奧地利前總理沃爾夫岡·許塞爾〉，《參考消息》，2017年3月21日。

點和話語。在這種情況下，沒有共識最終必定讓社會發展失去方向感，沒有統一的意義和發展方向感，社會就因沒有黏合劑而容易碎片化。這就是，為什麼當代中國如此重視培育和弘揚社會主義核心價值觀的原因。核心價值觀的提出，目的是為中國人民構建一個精神家園，使社會生活建立在有意義的氛圍中。

對於中國來說，過去改朝換代，都要尋找一種對「天命」的解釋，即誰真正奉天承運，誰是在延續「三皇五帝」以來的正統皇祚，誰是所謂的「真命天子」。近代，中國遇到西方文化，就有了新的參照，從而出現了所謂「三千年未有之變局」。但是，近代的中國社會結構仍然是農村的自然經濟，我們民族作為整體是已經見到了工業社會的「農民」，帶著對歐美不情願的羨慕心情來思考中國的變化。但是，現在的中國社會結構發生了翻天覆地的變化，不僅是變化，而且是各種形態的社會要素、問題和矛盾同時疊加存在，例如，農業社會、工業社會、後工業社會；意識形態方面左的、右的、保守的、現代的、後現代的；階層分化後的利益多元化，思想和價值觀也隨之出現分化。這些要素、問題和矛盾糾纏在一起，構成了一個非常複雜的現實中國。人們對中國的路應該怎麼走，不同的人提出不同的方案，而且不同方案之間似乎都採取難以妥協的剛性面目出現，意識形態的極端化和對立的趨勢不僅難以化解，可以說經常是暗潮湧動，不時就出現一些「冒泡」現象，這就是所謂「維穩」的負擔。為此，一方面，中國早就提出構建「和諧社會」的理念，十八大之後就提出了中華民族偉大復興「中國夢」，後又在五中全會提出以人民為中心的發展理念，以圖用最大公約數，團結全體中國人民，集中精力推動中國的和平崛起。另一方面，則提出全面依法治國，通過建立完善的法律體系、法治體系，實現社會治理的現代化。

實際上，中國近幾十年發展相對順利，正是因為其既逐漸變革了自己僵硬的文化模式，從而獲得了汲取其他文化資源的能力，也變革了自

己極端意識形態的形式，使中國可以跳出意識形態劃界的限制，可以在全世界範圍內做生意，並且在經濟貿易交往中逐漸激發了技術和社會組織機制的創新欲望和能力。中國人帶著仰視的眼光與歐美人打交道，但卻逐漸掌握了商業上的自主權，甚至在某些方面還獲得了某種優勢地位，就此而言，我們自己大多數情況下並沒有自覺。我們往往以歐洲的標準為標準，以美國的準則為準則。我們有錢了，但卻沒有高貴的氣質，中國許多商家往往雇傭一些金髮碧眼的人來裝點自己的門面。這也許就是歷史的辯證法或「歷史的狡計」。當我們沒有了歷史自信的時候，當我們似乎缺乏自信的時候，我們卻在構建著一個擴展的自我，並且在羨慕地借鑑學習他人的過程中，奮力地追趕並且超越者「他者」。我們現在提出要繼續「全面深化改革」，就是要避免出現立足未穩就開始盲目地自信，從而又把自我的邊界固定下來，喪失了變革自我、汲取各種資源、構建更大的自我的可能性。

但是，如果我們總是認為別人比自己好，那麼我們怎麼能夠成為我們自己。這就是習近平總書記要求我們增強文化自信，在對中華優秀文化傳統進行創造性轉換和創新性拓展的基礎上，建立與所有文化相媲美的當代中國文化。在文化自信的基礎上，中華民族才能重新獲得經濟、政治和社會層面的自信和自尊。

反觀西方，西方在最近幾個世紀的成功中獲得了空前的自信心。他們認為，只有西方文化才是典型的人類文明，其他文化都是某種不成熟或有缺陷的文化模式。社會主義陣營的出現，曾經迫使資本主義世界反思自己並且採取許多方式吸納了許多社會主義的政策，從而創造了戰後西方世界的「繁榮」。由此，西方人就更加傲慢了，他們開始認為，只有西方的價值觀才是普世的價值觀，其他價值觀都應該是被替代的。因此，西方的「自由民主制度」是最理想的制度，其他文化模式下的文明形態可能只具有人類學上多樣性的博物價值。他們也認為，只有個人權

利優先的自由主義意識形態、資本優先的資本主義制度，才是符合人性的合理選擇，其他所有制度都是違背人性的安排或狂想。基於這種心理，西方人變得越來越傲慢無禮，不願意再傾聽其他不同聲音，對與自己不一致聲音往往採取壓制的態度，甚至採取赤裸裸的武力加以解決。長此以往，西方人就失去了向其他文化學習的意願，甚至羞於向其他文化學習，特別是在東歐劇變之後，隨著克里姆林宮上的紅旗落下，西方人的自信也達到了爆棚的地步。西方人認為，在邏輯上人類文明已經在西方社會形態中達到頂點並完成了，沉溺於「不戰而勝」的得意揚揚和「歷史終結」的白日夢之中。

　　不過，世界格局正經歷結構性變化，中國、印度等新興國家的崛起，壓縮著歐美在世界力量中所佔有的份額。尤其是中國的崛起，使美國感受到自己絕對霸權瓦解的可能性，鑒於所謂「修昔底德陷阱」前景，美國開始對中國採取或明或暗的各種壓制。奧巴馬提出所謂「亞太再平衡」，而特朗普正在尋找自己的對華策略。與之相對，中國反而顯得更加具有理智，提出了中美之間建立「不衝突不對抗，相互尊重、合作共贏」新型大國關係的理念。許多美國觀察者也認識到中美兩國和則兩利、鬥則兩敗的境遇。譬如，美國前國務卿布熱津斯基就認為，「與北京對立不符合我們的利益。」「在當今世界，中國和美國都無法成為唯一的領導者。……如果美國試圖拋棄中國單獨行動，在這個世界上就難有自己的一席之地。」「今天的世界是極不穩定和不可預測的。美國的長期利益根本上在於深化與中國的關係，而不是為了戰術利益去撕裂這種關係。」[28]

　　無論如何，面對紛爭的世界，我們必須基於人類命運共同體的理

28　〈布熱津斯基建言特朗普　拋開中國單幹不符合美國利益〉，《參考消息》，2017年1月5日。

念，首先倡導理性精神。正如美國學者保羅‧布盧姆（Paul Bloom）指出的：「理性是世界上許多重要事物──包括人類獨有的重塑環境以追求更高目標的計畫──的基礎。」[29]一旦失去理性，世界就可能陷於可怕的對立與衝突之中。其次要倡導合作共贏精神。按照習近平總書記的說法就是，「我們既要讓自己過得好，也要讓別人過得好。」在經濟全球化的條件下，只有大家都順利發展，自己才能有更好的發展前景；只有共同發展，才有各國的發展。當然，我們還要推動人類文明更加人性化。面對世俗的社會生活，我們必須也有更高的發展目標，正像《易經》說的，「取法乎上，僅得其中；取法乎中，僅得其下。」我們必須以構建和諧世界的美好理想，推動人類文明不斷進步。

在當今世界，作為有著悠久文化傳統和十三億之眾的大國，中國的迅速發展本身就是具有世界歷史意義的事情。按照臺灣大學政治學教授朱雲漢的說法，其意義只有十八世紀英國工業革命、一七八九年的法國大革命、一九一七年的俄國十月革命以及十九世紀末二十世紀初美國的崛起可以與之相媲美。[30]按照唯物史觀，在實現中華民族偉大復興的歷史進程中，中國人民是創造歷史的主體。同時，作為歷史人物的政治家，其歷史作用主要基於其能否正確理解歷史發展的大趨勢，把握並順應歷史發展的大趨勢，也在於其能否前瞻性地引領歷史發展的大趨勢。革命先行者孫中山及其戰友，順應世界發展的潮流，帶領逐漸覺醒的中華民族推翻了中國幾千年的封建帝制，中國不再是只知有「皇帝」不知有民族國家的國度；毛澤東同志和他的戰友們，把握世界革命的潮流，領導中國人民經過艱苦卓絕的奮鬥，建立了新中國，中國人民從此站立

---

29 保羅‧布盧姆：〈理性之戰〉，原載美國《大西洋月刊》2014年3月號，《國外社會科學文摘》2014年9月號，總第412期，頁46。

30 朱雲漢：〈「巨變時代」呼喚「中國政治學」〉，《北京日報》，2016年1月25日。

起來，屹立在世界的東方；鄧小平同志與他的同志們把握世界和平發展的大勢，衝破「兩個凡是」的束縛，摒棄「以階級鬥爭為綱」的路線，把黨和國家的工作重點轉移到經濟建設上來，使中國走向了改革開放，開創了中國特色社會主義道路；江澤民同志、胡錦濤同志等在不同的歷史條件下把中國特色社會主義推向了新的境界。

經過幾代人的奮鬥，中國不僅獲得了民族獨立，而且越來越大踏步地走向富強的道路，中華民族鳳凰涅槃般地重新回到了世界舞臺的中心。站在這樣的歷史關口，人民群眾的期待越來越高，中國發展的國際國內環境也越來越複雜，我們應該如何前行呢？行百里路者半九十，「而今邁步從頭越」。站在新的歷史起點，面對「兩個一百年」奮鬥目標的偉大歷史使命，以習近平同志為核心的黨中央深刻認識並準確把握國內外形勢新變化新特點，毫不動搖堅持和發展中國特色社會主義，勇於實踐、善於創新，深化對共產黨執政規律、社會主義建設規律、人類社會發展規律的認識，形成一系列治國理政新理念新思想新戰略，為在新的歷史條件下深化改革開放、加快推進社會主義現代化提供了科學理論指導和行動指南。

首先，這些新的理念為凝聚中國力量、形成最廣泛的社會共識勾畫了共同的奮鬥目標，為中華民族偉大復興奠定了認同基礎。自鴉片戰爭以來，許多仁人志士不甘於中國的歷史沉淪，不斷探索救亡圖存的道路與方法。這期間有恨鐵不成鋼的義憤，有不斷碰壁的絕望，在新與舊、東方與西方、本土與世界、傳統與變化的遭遇、碰撞及較量過程之中，激進的變革就成為基本的歷史邏輯。歷史本來是連續性與斷裂性的統一，這樣才呈現出歷史的進步與發展。但是，人們往往只看到應該的變革與斷裂，似乎一談到連續性就被認為「革命不徹底」。基於此，我們在摧毀封建制度和封建思想的同時，也順便喊出「砸爛孔家店」，把許多中華優秀傳統文化也當作髒水潑掉了。正是這種激進的邏輯最終釀成

了「文化大革命」的歷史悲劇。走上改革開放的道路之後，社會上仍然有激進對立的思想意識作祟，當下所謂「左」與「右」的對峙就是表現。有些人用改革開放否定原來的社會主義探索，似乎放棄社會主義才是真正的改革；另外一些人則用過去的歷史否定現在的改革，似乎任何改變都是在背離社會主義原則。顯然，如何對待這兩種偏差直接關係到中國特色社會主義的兩個關鍵性的問題，即在中國要不要堅持社會主義、要不要搞改革開放的問題。否定改革開放前的歷史，必然導致對社會主義制度的否定，就會得出我們壓根兒不應該搞社會主義，甚至不應該搞革命的結論，那就談不上還有中國特色社會主義的開創和發展；否定改革開放後的歷史，那就是否定中國特色社會主義事業所開創的「中國奇蹟」。否定了改革開放前後兩個歷史時期中的任何一個時期，就沒有中國特色社會主義，就否定了中國特色社會主義。習近平總書記不僅明確指出：在對待改革開放前後的歷史時「不能否定前三十年，也不能否定後三十年」，而且多次強調要在「創造性轉化」和「創新性發展」的基礎上繼承和弘揚中華優秀傳統文化。習近平總書記一下子就把幾千年中國歷史的發展連貫了起來。這給我們一個方法論的啟示，對待歷史必須堅持歷史辯證法：一方面我們不能僵化地固守傳統，但也不能簡單地拋棄傳統。割斷歷史不僅讓自己成為無本之木、無源之水，而且還造成社會意識的分裂。我們必須善於在堅守中創新，在創新中堅守。中國夢的提出是堅持歷史辯證法的典範。習近平總書記用「中國夢」這個近代以來民族期盼作為共同的奮鬥目標，不僅把因階段化而略顯斷裂的歷史得以連接成為民族復興的連續進程，而且為億萬人民描繪了心嚮往之的最大共識，構成了中華民族現實認同的基礎。

其次，這些新的理念為實現中國夢想、建設社會主義現代化強國規劃了整體的戰略布局，為中華民族偉大復興指明了切實可行的路線圖。黨的十八大以來，以習近平同志為核心的黨中央根據變化了的國情、世

情、黨情，審時度勢，提出了全面建成小康社會、全面深化改革、全面依法治國、全面從嚴治黨的戰略布局，堅持發展是第一要務，以提高發展品質和效益為中心，加快形成引領經濟發展新常態的體制機制和發展方式，保持戰略定力，堅持穩中求進，統籌推進經濟建設、政治建設、文化建設、社會建設、生態文明建設和黨的建設。供給側結構性改革，重大是解放和發展社會生產力，用改革的辦法推進結構調整，減少無效和低端供給，擴大有效和中高端供給，增強供給結構對需求變化的適應性和靈活性，提高全要素生產率。我們講的供給側結構性改革，既強調供給又關注需求，既突出發展社會生產力又注重完善生產關係，既發揮市場在資源配置中的決定性作用又更好發揮政府作用，既著眼當前又立足長遠。從政治經濟學的角度看，供給側結構性改革的根本，是使中國供給能力更好滿足廣大人民日益增長、不斷升級和個性化的物質文化和生態環境需求，從而實現社會主義生產目的。黨中央認為，中國發展仍處於可以大有作為的重要戰略機遇期，同時強調要準確把握戰略機遇期內涵的深刻變化：一方面，中國經濟發展進入新常態，無論經濟增長速度、結構還是動力均呈現與以往不同的新變化；另一方面國際形勢發生重大變化，特別是金融危機發生以來，世界經濟增長動力不足，世界經濟增長對中國經濟增長的帶動力明顯減弱。在黨中央領導下，我們妥善應對國際金融危機持續影響等一系列重大風險挑戰，不斷創新宏觀調控方式，推動形成經濟結構優化、發展動力轉換、發展方式轉變加快的良好態勢。黨的十八屆五中全會又提出了創新、協調、綠色、開放、共享的發展理念，標誌著我們黨對中國特色社會主義發展道路的認識達到一個新高度。發展到現在，靠模仿和借鑑已經無法維持持續的發展，實施創新驅動發展戰略是必然的不二選擇，有了真實的創新才能抓住牽動經濟社會發展全域的「牛鼻子」，抓創新就是抓發展，謀創新就是謀未來；發展到現在，分路推進發展已經走到了能夠走的高點，要再進一步

發展就必須是各領域之間的協同推進，協調發展已經成為制勝的關鍵或要訣，協調既是發展手段又是發展目標，也是評價發展的標準和尺度，我們必須著力推動區域協調發展、城鄉協調發展、物質文明和精神文明協調發展，推動經濟建設和國防建設融合發展；發展到現在，我們再也不能靠犧牲環境來發展了，生態環境是我們唯一的共同家園，必須堅持節約資源和保護環境的基本國策，像保護自己的眼睛一樣保護生態環境，像對待自己的生命一樣對待生態環境，推動形成綠色發展方式和生活方式；發展到現在，中國綜合國力得到大幅提升，但這不是放棄改革的理由，只有更進一步的開放才能給我們提供更大的發展空間，要發展壯大就必須主動順應經濟全球化潮流，充分運用人類社會創造的先進科學技術成果和有益管理經驗，提高把握國內國際兩個大局的自覺性和能力，充分利用國內國際兩個市場和兩方面的資源，提高對外開放品質和水平，為中華民族復興提供國際環境和空間；發展到現在，主要問題已經不是爭論讓不讓一部分人先富的問題，而是到了先富必須帶後富的階段的問題，我們應該朝著全體人民共同富裕的目標前進，著力踐行以人民為中心的發展思想，構建共建共享的社會主義和諧社會。要做到崇尚創新、注重協調、倡導綠色、厚植開放、推進共享，就要用好辯證法，堅持系統的觀點，遵循對立統一規律、品質互變規律、否定之否定規律，堅持具體問題具體分析，善於把握發展的普遍性和特殊性、漸進性和飛躍性、前進性和曲折性，善於把握工作的時度效，善於通過改革和法治推動貫徹落實新發展理念，發揮改革的推動作用、法治的保障作用。

最後，這些新的理念為推動中國社會發展、從大國走向強國提出了新的理論話語，為中華民族恢復和重建民族自信心確立了堅實的理論基石。黨的十八大以來，以習近平同志為核心的黨中央特別重視社會治理的現代化，增強我們的道路自信、理論自信、制度自信、文化自信。改

革開放以來，我們經濟社會發展都很快，但也有人認為這是我們不斷改變自己、學習別人的結果。他們忘記了，任何民族的歷史發展都是這個民族本身創造性活動的結果。經過短短幾十年的奮鬥，中國就從原來相對貧窮落後的狀態一躍而成為經濟大國，中國的經濟總量穩居世界第二位，十三億多人口的人均國內生產總值增至七千八百美元左右。第三產業增加值占國內生產總值比重超過第二產業，基礎設施水平全面躍升，農業持續增產，常住人口城鎮化率達到百分之五十五，一批重大科技成果達到世界先進水平。公共服務體系基本建立、覆蓋面持續擴大，新增就業持續增加，貧困人口大幅減少，人民生活水平和品質加快提高。中國的發展是一個有幾千年文明歷史的國家的發展，是一個有十三億之眾的大國的發展，是有自己文化傳統和現代創造的國度的發展。當代中國的發展說明了我們走的道路是正確的，我們的理論是先進的，我們的制度是有優越性的；中國的發展也證明中華民族是一個有著自己光榮與夢想的偉大民族，中華文化是一個厚德載物、自強不息有著堅韌的生命力的文化。我們的道路自信、理論自信、制度自信就是基於我們中國特色社會主義成功實踐，就是基於我們中華民族創造自己輝煌文明的歷史活動。我們有自主的文明歷史、自主的精神傳統、自主的價值文化。我們的自信是一個民族的文化自信。目前，我們國家治理體系和治理能力現代化取得重大進展，各領域基礎性制度體系基本形成。人民民主更加充分，法治政府基本建成，司法公信力明顯提高。人權得到切實保障，產權受到有效保護。開放型經濟新體制基本形成。中國特色現代軍事體系更加完善。黨的建設制度化水平顯著提高。一個自信而開放的社會主義現代化強國的前景越來越清晰。

　　總之，正如習近平總書記二〇一六年一月十八日在省部級主要領導幹部學習貫徹黨的十八屆五中全會精神專題研討班上的講話中說的，一個國家能不能富強，一個民族能不能振興，最重要的就是看這個國家、

這個民族能不能順應時代潮流，掌握歷史前進的主動權。實踐告訴我們，要發展壯大，必須主動順應經濟全球化潮流，堅持對外開放，充分運用人類社會創造的先進科學技術成果和有益管理經驗。因此，我們必須把改革開放進行到底。

第四章　國際話語權現狀與中國的應對

國際話語輿論場的現狀仍是以西方為中心，特別是以美國為主導。西強中弱的狀況沒有改變。這是因為我們對價值觀的研究比較滯後造成的。我們必須加強基礎理論研究，提高中國國際話語權。

第一節　西方國家非常重視核心價值觀教育

　　長期以來，有一種錯誤的認識，認為西方國家沒有系統、規範的關於信念、道德和價值觀的規訓與教化，沒有類似中國的「思想政治」課等形式的「意識形態」課程。實際上，西方國家非常重視價值觀教育和價值觀影響力的爭奪。如果有區別的話，就是我們把價值觀教育的範圍限制在我們國內，而歐美試圖用他們的價值觀改造整個世界，也就是說，他們把自己的價值觀視為西方主導地位或霸權的軟實力的根據。為了證明其價值觀的「普世性」，他們對所有抵制的力量採取經濟制裁、政治顛覆直至武力改變政權。西方人之所以覺得自己的價值觀具有「普世性」，實際上是因為他們不斷借助實力甚至武力碾平了並不平坦的障礙。

　　以個人主義和自由主義作為根本文化特質的西方社會，對「個人權利」的崇尚以及對「個人自由」的推崇，似乎在社會的價值觀方面採取「中立」「無涉」的傾向和立場。有時，他們往往標榜國家政權對社會多元價值觀持中立態度，殊不知這種自由主義態度本身就是一種價值觀。所謂美歐國家的共同價值觀就是以所謂的自由主義價值觀為基本底色的。一方面，自由主義基本滿足了西方資本主義市場經濟的社會文化需要，另一方面，他們還可以打著自由、民主、人權等價值觀的幌子干涉別國內政，爭取他們在國際上的權益。

　　西方國家從未放棄所謂西方主流價值觀的教育和引導，他們把資本主義和自由主義的意識形態和價值觀滲透在學校教育和媒體的傳播之中。尤其是近些年來，伴隨著個人主義在二十世紀帶來的許許多多社會

問題，西方社會越來越認識到，當一個社會缺乏主導的價值觀，個人可以隨意選擇、接受某種規範或價值，隨意放棄那些他不同意的東西，最終很可能會產生一種個人和社會都無法維持下去的生活方式，造成社會的失序。更為重要的是，當現代科技、經濟的高度發達，人們生活水平的極大豐富和提高並沒有帶來相應的人的精神的滿足，相反，能源危機、環境污染、生態失衡，以及與之相伴生的價值迷失、道德滑坡、精神委頓等問題卻愈演愈烈。二十世紀八、九〇年代以來，以美國為代表的西方國家積極推動所謂公民教育課程建設，生活價值教育計畫等等，這正是歐美國家試圖擺脫道德困境，走出精神危機，重建理想、信仰和價值系統的種種努力。這說明，西方「價值觀中立」的價值觀也發生了變化，變得越來越不回避價值觀引導和教育了。西方文化傳統更多強調個人的權利和利益。然而，近幾十年來，出於國家治理和全球治理的要求，當代西方國家的價值觀建設呈現出一個共同的特點，即關注責任感的培養，尤其強調青少年一代要以責任教育為重點。

最近幾年，英國的卡梅倫、德國的默克爾等政治家，都開始懷疑過去執行的多元主義政策，明確提出要重建社會共同的核心價值觀。二〇一〇年十月十六日，默克爾在基督教聯盟的會議上說：在德國構建「多元社會」的努力已經「徹底失敗」，外國移民應該更好地學習德語，融入社會。「我們感到自己與基督教的價值觀緊密相連，那些不接受它們的人在這裡沒有位置。」[1]

英國前首相卡梅倫說，英國必須奉行「強有力的自由主義」政策，「把平等、法治和言論自由的價值觀推廣到社會每個角落」。[2]卡梅倫在政府執政綱領宣傳講話中指出：「要讓每一個孩子都有自己的遠大夢

1　薛巍：〈文化多元主義的可能性〉，《三聯生活週刊》2010年第46期，總第604期，頁158。
2　〈英首相公開抨擊多元文化，指其催生本土伊斯蘭恐怖主義〉，《參考消息》，2011年2月6日。

想，同時有實現這一夢想的能力──那就是健全而優秀的品行，讓他們發揮潛能、實現理想」。教育大臣尼基・摩根說得更清楚，英國學校要加強對學生個人品行上的教育，培養對英國社會發展有益的健全、高尚的個人品行及價值觀。[3]她認為，樹立「核心英國價值觀」是英國教育的「重中之重」。二〇一五年一月二十七日，摩根在卡爾頓俱樂部智庫論壇上表示，「所有學校都應像提升學術標準一樣提升基本的英國價值觀。讓每個孩子懂得英國價值觀與學習數學、英語同樣重要。」「每一所學校……都應當推行『英國核心價值』，就如同所有學校都應當推行嚴格的學術規範，無一例外。」[4]英國劍橋大學哲學系立即為摩根背書並決定，將所有「非自由主義傳統」的哲學作品，統統從其本科生教育中移除。第一位被手術摘除的「非自由主義傳統」哲學家便是卡爾・馬克思。其他被清理的還有黑格爾、尼采以及整個「無政府主義」理論傳統。顯然，英國不僅在教育中排斥馬克思主義，甚至連同屬於西方文化圈但不屬於英國傳統的思想和價值觀也加以排斥。[5]

二〇一〇年五月十九日，時任法國內政部長蜜雪兒・阿里奧・瑪麗以強硬的態度支持布卡禁令，稱「必須維護我們共同的生存價值」。[6]《查理週刊》恐怖襲擊案發後，法國很快布置對中小學教師進行培訓，力求用法國的價值觀塑造未來的法國人。近年來，針對恐怖主義在法國日益猖獗的情況，法國政府在二〇一五年秋季開學前宣布，開設「道德與公民教育」課代替已經實行十年的小學公民道德、初中公民教育和高中公民、法制與社會課程。同時啟用新教學大綱，以培養去宗教化、具

3　鳳智：〈英國加強學生品行及價值觀教育〉，《中國教育報》，2016年2月26日。

4　〈英政府推動「英國核心價值」教育〉，《參考消息》，2015年2月18日。

5　王德華：〈教育部長袁貴仁的英國同行也是蠻拼的〉，《中國青年網》，2015年2月7日。

6　董銘、黃培昭：〈布卡禁令點燃法國暴力事件〉，《環球時報》，2010年5月20日。

有共和國價值觀和責任感的公民為目標。法國教育部還特別強調，道德與公民教育是全社會共同責任，學校、家庭和社會缺一不可。二〇一五年九月，法國總統奧朗德二〇一六年宣布，為紀念法國國歌《馬賽曲》作者魯熱・德・利爾逝世一六〇周年，將二〇一六年定名為「馬賽曲之年」。二月十六日，法國國民教育、高等教育與科學研究部對外公布了「馬賽曲之年」計畫，目標即在進一步加強學校中法國傳統文化及歷史教育，宣傳和弘揚法蘭西民族的核心價值觀。[7]

很顯然，社會制度、文化背景對於公民教育的政策、實踐以及目標和方法等都有直接的影響，不同西方國家對「公民」「公民教育」會有不同的理解。但是，縱觀近年來各國公民教育的理論和實踐，都包含著一個共同的基本訴求，即希望通過公民教育的形式培養公民尤其是青少年一代具有合乎本國社會政治、經濟、文化制度所要求的遵紀守法的觀念和行為，使其成為忠誠於國家、服務於國家、適應本國主流文化的「合格公民」「好公民」，而「合格公民」「好公民」的一個基本要素就是勇於並能夠承擔社會「責任」。

以「責任公民」為內涵的當代西方公民教育主要呈現如下特徵：

一是確立並保證公民教育的國家法定課程地位。英國教育法中明確規定，各級各類學校都要把公民素養教育作為中小學階段的必修課目，逐步建立健全以國家為主導的公民教育實施模式。澳大利亞在一九九七年前後頒布了有史以來規模最大的一項國家性的課程計畫《發現民主：公民學與公民教育》。在美國，一九九四年《美國教育法案》明確規定，到二〇〇〇年，所有學生都要學習「公民與政府」課程，以便他們具有負責任的公民資格。美國的教育在小學階段反復強調政府的三權分

7　張自然：〈法國進一步加強核心價值觀教育〉，《中國教育報》，2016年2月26日。

立，立法機構制定法律、行政執法、司法解釋法律；中學階段的公民教育就是引導模擬參與，除此之外，還要學習一些重要文獻，如《獨立宣言》《憲法序言》《哥尼斯堡演說》等等，重在教育對國家的責任感。[8]

　　二是堅持對公民教育的目標和內容的指導性原則。由於歷史和文化傳統的原因，美國、英國、加拿大等國家一直以來主要實行教育的分權制。相比較而言，法國、日本、韓國、新加坡等國家在教育問題上的高度中央集權——即規定公民教育有具體的、統一的、國家控制的課程，這些課程包括《公民》《歷史》《地理》，等等。可以說，二十世紀九〇年代以來，美國為代表的西方社會逐漸認識到，「好公民」不可能自行生長，民主也並不是一個「自行運作的機器」，它們需要一代又一代自覺地被再造出來，培養出知情的、有效的和負責任的公民應該成為一項重要的社會性的任務。為此，美國專門編制了《公民和政府管理國家標準》，建議公民教育既可以作為其他課程的一部分，也可以作為獨立的課程。並且，從幼稚園到十二年級都要對學生進行持續不斷的系統的公民教育，學生在九歲之前就應該發展其社會責任意識，並且規定了專門的公民教育課程《公民與政府》。另外，美國學者喬納森·拉斯特出版了一部名為《七種基本美德》的倫理學書，在導言中作者指出：現代社會最推崇的七種美德是：自由、理智、進步、平等、本真、健康、不隨意判斷別人。但以它們為基本美德是錯誤的，而且往往會造成荒謬的後果。而基本美德應該選擇「審慎、公正、堅韌、節制、信仰、希望、愛心。」[9]這顯然是從道德澄清走向了美德引導和規範的方向。澳大利亞聯邦政府一九九七年頒布了《發現民主計畫》，一方面為各州統一設立義務教育階段公民教育課程的框架，另一方面也允許各州在此基礎上可

8　珍妮特·戴利：〈美國精英拋棄了美國夢〉，《參考消息》，2016年3月21日。
9　薛巍：〈七種基本美德〉，《三聯生活週刊》2015年第1期，總第819期，頁164。

以選擇適合本州或本地特點的教育內容。在英國，政府專門制定了針對公民教育改革的《克瑞克報告》，對公民教育實施課程的模式等都做了明確指導。

三是實行公民教育的廣泛滲透性、參與性模式。不同於當前中國價值觀教育和道德教育中普遍存在的主要依靠課堂、依賴教師「知識性」講解的方式，他們更加強調觀察、實際參與和親身體驗；這種軟滲透往往更加有效，學生在不知不覺之中就認同了課程中所體現的價值觀。這就如桑德爾所說的，「自我管理有必要進行公民教育，這種教育不僅在學校中，同時在公共生活中。公民德性不是天生的，而是需要通過學校和公共領域中的建制得到培養和發展。公民德性不是從書本上可以得到的東西，而是需要通過親身參與社會實踐來得到。」[10]在英國，十分注重公民教育的滲透性原則，明確要求把公民素質教育、道德教育有機滲透到各種教學之中。在具體教學過程中，要求老師對教學內容的講解既要體現真理性、科學性，又要注意思想探索過程的民主性，以體現所謂西方的主流價值觀念和人文精神，老師在教學過程中要以身作則，用自己的人格品行對學生進行言傳身教。在美國，公民教育被規定為「民主下的自治教育」，主要致力於民主的「理性習慣」和「感情習慣」的養成。在此原則指導下，「美式」公民教育的實施包括「獲得知識」，「學會技能」，「養成意向」三方面的主要步驟。毫無疑問，民主習慣的最終養成，需要一定的「知識性」內容作為前提。但是，在關於公民知識的內容安排上，美國的《公民和政府管理國家標準》並沒有大篇幅地對公民知識的概念性界定，而是精心設計為五個方面相互關聯的問題，比如，什麼是公民生活？為什麼政治和政府是必需的？如何保證政府不濫

---

10 〔美〕邁克爾・桑德爾著，王佳祺編譯：〈公民身分：面向世界的認同與表達〉，《社會科學報》
    2007年6月7日。

用權力或者權力過分集中？美國民主下的民眾角色是什麼？怎樣才能被稱為有影響力、有責任意識的公民？如此等等。所以，儘管這一環節強調的是公民應該認識或者明確的公民「知識」，但是，由於提供的是一種「問題式」的衡量標準，從而使得這種民主教育更帶有一種公民參與其中的對話、討論性質。西方國家實施公民教育的一些具體措施和做法，值得我們在思想教育過程中加以借鑑。

四是強調官方語言教育的法律地位，並且通過宣誓儀式把人們納入主流意識形態的管道。卡梅倫明確表示，「所有在英國的移民必須講英語，學校必須向學生講授英國的共同文化。」[11]最近，英國甚至提出了入籍的語言標準，即必須能夠流利地運用英語。美國等許多國家對移民入籍，除了加強語言教育之外，還實行效忠宣誓的儀式，這種儀式的實質就是對主流價值觀的認同。許多西方國家加強了對本國官方語言的課程指導，在語言學習的文本上選擇有關國家發展願景、民族精神希冀、民族英雄故事的「經典」內容，希望無論是青少年還是移民，必須學習國家規定的語言，其目的就是通過語言教育使社會主流文化、價值觀和思維方式潛移默化地塑造人們的精神世界，強化「國民共性」。西方對「他者」的同化並不總是溫柔的，背後都有經濟、政治、文化和社會權利的剝奪為強力。就如列維納斯所說的，「我們與他者的關係自始至終都帶有暴力結構的烙印」這是歐洲精神的失誤所在。整個歐洲歷史都基於「將他者縮減成自我」。[12]

縱觀當今西方國家的公民教育，不僅具有明顯的國家「意識形態」的目標規定和地位保證，而且探索並且積累了一些有效的、具有較強可操作性的實施方略和模式。為此，我們首先需要對當代西方社會的價值

---

11 〈英首相公開抨擊多元文化，指其催生本土伊斯蘭恐怖主義〉，《參考消息》，2011年2月6日。

12 〔德〕布羅伊爾等著，葉雋譯：《法意哲學家圓桌》（北京市：華夏出版社，2003年），頁160。

觀建設有一個客觀、全面的認識。在此基礎上，進一步積極反省自身，認識並且吸取世界各國價值觀教育和文化建設的有益經驗，同時充分體現我們主體性、特殊性的核心價值觀建設之路，始終走在探索和引領先進價值觀和先進文化的前進方向的最前沿。無論如何，我們的頭腦不能裝著別人的靈魂，我們必須有符合我們自己文化生命力的靈魂才是一個真正完整的文化存在，中華民族才有獨立自主發展的主觀條件。

第二節 大力推進中國主流意識形態的凝聚力

習近平總書記強調，意識形態工作不只是黨和國家一項非常重要的工作，而是一項「極端重要」的工作。意識形態工作的極端重要，不僅在於它作為精神紐帶能夠起到凝神聚氣的功能，而且更關係到社會的穩定以及黨和國家的安危。

一、中國意識形態工作困難的成因分析

中國意識形態的影響力出現了某種程度弱化的現象，不僅表現為越來越疏離主流意識形態和價值觀，而且也表現為有些人公然對主流意識形態提出公開挑戰。問題不在於主流意識形態受到質疑，因為這種質疑在任何時候都存在，而是在於這種質疑本身受到社會公眾的質疑越來越少，而且還在某種程度上得到了許多人的「鼓勵」，從而成為某些人「叫座」的原因。意識形態的困境就在這裡：越是挑戰主流意識形態就越是叫座。困境的形成，不是單純的政策缺失問題，更不是某些人的個人差錯。意識形態困境是當代中國歷史、社會、經濟、政治、文化發展到一定階段各種複雜原因的綜合。

當前意識形態的困境有著深刻的歷史原因。筆者以為，當前的問題是民族文化意識形態和政治意識形態雙重的自卑情結的交織仍然在起作用，影響著人們的意識。首先，近代西方文明的崛起，與中國的相對衰落造成的經濟、政治和文化的落差仍然影響著中國人的精神世界。西方世界借助文藝復興、宗教改革和啟蒙運動，實現了文化的現代性轉型，

從而走向了工業革命道路，並且取得了對整個世界的支配地位。最近幾百年時間，西方從一種地域概念變成為作為西方中心主義的文化「範式」；評估所有文明都是以西方的範式作為尺規的。隨著西學東漸，中國當代學術、教育都是以西方哲學範式為基礎的。我們作為學生，難免產生心理和文化上的自卑情結，這種自卑也許是無意識的，但卻持續地在起作用。其次，民族文化意識形態的自卑，因一九四九年新中國的成立得到了一定程度的清理。中國人民借助社會主義的制度「先進性」，喚起了實現跨越式的發展的希望。但是，文化的自卑心理仍然若隱若現地存在著，不僅人們說「蘇聯的今天就是我們的明天」，即使在大躍進的狂熱中我們也是做著「趕美超英」的夢想。——我們仍然以別人的範式作為衡量我們歷史進程的尺度。東歐劇變使社會主義處於低潮，社會主義意識形態有些被動，西方世界很多人彈冠相慶，福山提出了所謂「歷史終結論」，許多觀察家認為西方已經「不戰而勝」，成為冷戰的贏家。面對這種局面，世界範圍內左派似乎一蹶不振，我們的政治意識形態顯得處在被動狀態。

我們意識形態工作出現困難，也有著現實的社會原因。首先，在改革開放過程中，我們需要向西方學習先進的科學技術和管理經驗，以西方為師也造成了我們對西方仰視的心理定式和自卑情結。其次，工業化和市場經濟本身也給意識形態帶來新的境遇，「雖然工業革命及其引發的工業技術社會的興起減少了產品和服務上的匱乏，但還是忽視了對生活品質和人文關懷的影響。當人類的物質生活變得更為安逸的時候，大工業技術的崛起卻帶來了人們精神上的焦慮。」另外，「大眾社會和崇尚技術的文化的增長，加重了人們的冷漠情緒。」[13]三是中國社會結構

---

13 杰拉爾德·古特克著，陳小端譯：《哲學與意識形態視野中的教育》（北京市：北京師範大學出版社，2008年），頁125-124。

發生了深刻的巨大變化，社會分化、利益多元化和思想的多樣化，這種空前的多元狀態，也使我們的精神世界一時難以自安。四是市場經濟和新媒體的相互作用：公共領域的形成造成公民自主意識的提高，我們意識形態工作卻在很多方面沒有趕上社會和公共領域的變化。

當前意識形態的困難也有著微妙的文化及文化變遷的原因，對這個原因的分析，能夠幫助我們以適合的文化方式加以解決。首先，辯證法告訴我們，物極必反，文化現象亦是如此。以「文革」為代表的泛意識形態化的極端現象，使革命的「鏡像」脫離了現實的基礎，時間一久必定不可避免地造成了人們對意識形態的疏離心理。其次，方興未艾的知識經濟對創新的需要，進一步強化了人們的批判性思維。人們不再像過去那樣按單照收所有的社會勸誡和教導，這必然給我們的思想理論宣傳工作帶來新的困難。第三，許多社會問題和道德失範造成了人們的思想混亂，許多突破底線的道德失範使道德規範顯得更加虛弱，失去了應有的規範和教化力量。第四，在思想理論宣傳和價值觀建設方面，我們本身也存在一些問題，譬如，缺乏文化上的自信心和價值體系的制高點，甚至在很長時間內拒絕這個概念，直到改革開放後才開始逐漸接受並研究價值問題。正如格拉特·哈丁（Gerath Harding）指出的，「價值觀之所以重要，是因為它們將國家和民眾凝聚在一起。它們幫助定義一個社會所支持和所反對的東西。」[14]西方人說他們的價值觀是「普世價值」，而我們則只願說自己的文化特色、民族特色，對中華優秀傳統文化和價值體系的世界意義缺乏論證和闡釋。文化只有先進才有軟實力，價值只有先進和具有世界歷史意義，才能讓人民為之驕傲，才能對他人有吸引力。

---

14 〔美〕格拉特·哈丁著，葛鳴譯：〈歐洲人之迷〉，原載《國外社會科學文摘》2012年8月號，頁24-25。

儘管問題的實質都是內在生的，但為競爭性的意識形態作影響力，外部原因也是不可忽視的。首先，某些西方國家仍然心存冷戰心態，他們通過各種途徑和手段對社會主義意識形態的圍剿，對非西方文化的貶低，力求讓我們的青年人對自己的制度、文化、傳統失去信心，從而達到不戰而勝的目標。尼克森在《1999不戰而勝》中的最後一章就說過：西方要「致力於……削弱共產主義口號的政治吸引力。」[15]實際上，當有一天中國的年輕人不再相信自己的歷史傳統和民族文化的時候，那就是西方不戰而勝的時候。中國已經成為西方眼中的絕對「另類」。眾所周知，斯諾登事件的曝光說明，美國情報部門與英語國家組成的五隻眼，不僅監視非西方國家，甚至連不講英語的德國、法國、日本也成為他們監視的對象。中國不僅不屬於西方文化的範疇，而且還屬於由共產黨領導地走自己道路的國家。正如英國《金融時報》二〇一四年八月十三日刊登的克里斯多夫・萊恩的文章所說的，中國道路的成功令西方極度不安，「原因是它挑戰了美國模式的自由主義民主和市場資本主義的所謂普適性」[16]。在這個意義上，中國已經成為最讓西方恐懼的「他者」。其次，西方發達國家不僅在輿論上掌握著主導權，而且在價值觀操作上有豐富的經驗，掌握話語主導權和議題設置權。西方不僅有價值觀的宣傳，而且非常重視價值觀的宣傳；美國不僅在國內進行價值觀教育，而且公開在全世界推廣其價值觀。實際上，被視為「普世性」的西方價值觀往往是西方的偏見，而「許多西方偏見基於西方的歷史性政治和軍事霸權」[17]。最後，全球範圍內宗教的復興和宗教激進主義的影

15　〔美〕尼克森著，王觀聲等譯：《1999不戰而勝》（北京市：世界知識出版社，1997年），頁371。

16　詹得雄：〈中國道路和中國治理的世界意義〉，《參考消息》，2015年4月1日。

17　〔美〕亞歷克斯・楊著，陳虹嫣譯：〈西方理論主導世界：國際理論中的西方偏見〉，《國外社會科學文摘》2015年3月號，頁16。

響，也成為與我們爭人心的力量。

二、意識形態工作的環境和方式出現了根本性變化

在當今時代，我們意識形態工作的環境已經發生了很大的變化。隨著冷戰的結束與經濟全球化進程的加深，國際之間的連繫變得越來越密切。一九世紀，列強靠堅船利炮打開中國的門戶，可是二十世紀末中國開啟了改革開放，並且在二十一世紀初主動加入世界貿易組織。門窗開了，會進來新鮮空氣，增進我們的活力，但同時也會放進蒼蠅蚊子之類的東西。過去，我們可以關起門來唱社會主義就是好，可是現在我們再也不能關起門來自說自話了，我們的意識形態是否具有吸引力，是否能夠贏得群眾，需要在與其他文化和觀念的競爭中加以檢驗。不過，正因為在全球化進程之中，作為意識形態內在靈魂的價值觀已經成為一個國家、一個民族能否保持精神獨立的關鍵。我們必須構建基於民族文化傳統、符合時代特徵的核心價值體系，佔領價值體系和道德制高點。在某種意義上，過去我們可以有什麼講什麼，我們現在除了自己有什麼之外還必須看別人在講什麼。我們必須在話語權的競爭中講述我們的意識形態話語體系。

改革開放以來，中國的社會結構已經發生了深刻變化。以往，中國農村大多仍然處於自然經濟狀態下，儘管以生產隊為基礎，但生產隊經濟仍然以地緣為紐帶組織生產；在城市，大家都往往是單位人，生老病死的問題都依靠單位。但是，現在自然經濟已經讓位於市場經濟和大流通，社會分工越來越多，利益越來越分化。一方面，社會的分化撕裂了人們的認同，文化認同、政治認同日益複雜化；另一方面，單位人明顯弱化，人們的生活越來越依靠合同、契約，單位的教育功能也隨之弱

化。過去，在大家利益基本一致的情況下我們更容易講公共利益和共同理想；現在，我們必須在利益差異的背景下闡明人們的共同利益和價值共識。

資訊技術的革命對資訊的傳播產生了顛覆性的影響，這大大改變了我們思想理論宣傳工作。過去我們的資訊傳播是由單一中心向外傳播，而互聯網和移動端的出現讓資訊傳播去中心化了，而且人人都通過手機成為記者，自媒體現象改變了資訊傳播的方式。過去，更容易通過編輯選擇資訊以及資訊的傳播時機，而互聯網、移動手機等自媒體發布的只是經過任何個人篩選的資訊，具有很大的任意性和隨意性。另外，在差異性和資訊爆炸的環境下，人們越來越樂於接受新生事物，有利於創新文化的形成，但也容易出現文化的斷裂和碎片化的現象。所以，過去用報紙、廣播、電視集中傳播，或者用召集單位成員集體學習的辦法就可以解決的思想理論宣傳和意識形態統合的方式已經不那麼有效了。我們必須以多中心的、網路式的、互動的微傳播來適應這樣一個變化。

三、關於改進意識形態工作的思考

在新的形勢下，要改進我們的意識形態工作，我們首先必須重建自信心。這就是為什麼中央要求我們堅定理想信念，真正讓廣大人民群眾在內心深植對中國特色社會主義事業的「道路自信、理論自信、制度自信、文化自信」。

既然在全球化的時代，我們不能也不應該關起門來自說自話了，我們就不能簡單地把中國的東西與西方或其他國家比較。一是我們必須歷史地加以說明，才能知道我們的現實從何處來，往何處去。必須把中國的歷史、現實、發展目標說清楚，我們才能了解我們走到現在經歷了多少艱辛，取得的成績並不是輕而易舉的。如果拋開歷史，拿我們的現實

與西方比，作為發展中國家我們肯定有許多不足之處。在一定範圍內，這樣的比較也有積極意義，它可以讓我們認識到自己的不足，奮起直追。但是，如果沒有歷史的視角，就容易讓一些年輕人覺得處處不如人，從而喪失信心。而「一個對自己的理想喪失了信心的國家其理想不能對他人有吸引力。」[18]

二是在輿論競爭環境下，要做到真正的自信，我們在理論上就必須徹底，要經得起審視和討論。闡釋我們的主張時，要進行徹底的理論研究和說明，不能半遮半掩，這樣就容易失去公信力。如果理論上不徹底，就會出現「文筆日繁，其政日亂」[19]的現象。譬如，某些地方我們還沒有達到別人達到的標準，我們要勇於承認。我們人均財富排名還很低的情況下，我們的保障標準就不可能同發達國家相比。如果別有用心的人拿西方發達國家自己也沒有完全實現的價值作為標準，來衡量發展階段和文化傳統不同的中國，就更具有破壞性了。

三是樹立自信心，我們就必須立足於理論創新，在先進性上下功夫，著力賦予當代中國馬克思主義和社會主義價值體系鮮明的實踐特色、民族特色、時代特色。理論創新就必須基於中國特色社會主義事業的偉大實踐，著力解釋時代性的重大實踐問題；理論創新還必須基於中華優秀傳統文化，著力激發中華民族思想和文化的創造力，通過對民族傳統文化的創造性轉換和創造性拓展，創造更加燦爛的新文化；理論創新也必須基於人類歷史未來發展的前進方向，著力引領時代發展，這樣才能真正站在歷史發展的前列，起引領作用；理論創新還必須基於價值觀競爭的話語權，著力強佔價值觀競爭的道德制高點。我們必須讓人民

---

18 〔美〕尼克森著，王觀聲等譯：《1999不戰而勝》（北京市：世界知識出版社，1997年），頁372。

19 魏徵《隋書》卷66，〈李諤傳〉（北京市：中華書局，1973年），頁1544-1545。

群眾相信，歷史和未來是站在我們一邊；而要做到這一點，那我們就必須站在歷史的一邊，即順應歷史發展潮流，站在價值體系的制高點。價值觀的競爭是理想觀念感召力、吸引力的競爭，只有站在制高點上才能贏得群眾、贏得未來、贏得歷史的主動權。因此，我們的價值觀不僅要講特色，而且必須具有超越時空的普遍的世界歷史意義。

四是在以發展和創新為標誌的時代，要增強我們意識形態的影響力，就要把批判性思維引入意識形態本身。我們必須重申馬克思主義是革命的、批判的武器，必須認識到批判性思維對民族活力和創造力的重要性。問題是，我們必須把批判性思維引導到建設性批判上，而不是導致破壞性批判。要做到建設性的批判，就必須對現實採取歷史的態度，既要看到歷史的繼承性，也要看到歷史的發展性，歷史發展就是繼承與超越的辯證法。要做到建設性的批判，就必須不僅對他者進行批判，而且對自己也採取反思的、批判的態度。我們過去往往只批判別人，而對自己的不足反而遮遮掩掩，這不僅使我們的理論喪失了解決問題的穿透力，而且也使我們逐漸失去公信力。實際上，只有以自我批判的態度，才能真正重建建設性批判，才能避免破壞性的外在的批判。現實之所以是現實，就是因為它不是理想的，我們必須以批判的力量引導現實朝理想的方向發展。正如R・賈基（Rahel Jaeggi）所說的，「內在批判也是有改變能力的。與其說它試圖復活現存秩序或現行規範與理想，不如說它試圖變革現存秩序或現行規範與理想。」[20]實際上，中國的改革開放，就是一次中華民族偉大的民族反思和自我完善的歷史運動。

五是在社會主義市場經濟條件下，必須把培育和踐行社會主義核心價值觀落實到經濟發展和社會治理中，這樣才能為價值觀自信奠定堅實

20 R・賈基：〈反思意識形態〉，《馬克思主義與現實》2014年第5期，頁106。

的基礎。世界各國都比較關注法規、政策對價值觀和道德規範的支援作用。例如，一九九五年新加坡國會通過《贍養父母法令》並且出臺多項房屋政策，鼓勵青年人與父母同住，即使結婚後買房如果與父母住的近，也會得到政府補貼。[21]反觀我們，很多政策與價值觀的方向背離，如頭幾年就出現了政策一出造成排隊離婚的現象，而許多單位子女住在父母處就無法得到某些補貼，等於鼓勵孩子遠離父母。

六是必須以法治思維解決意識形態的爭論，學會以法律的手段解決問題，使意識形態的討論控制在法治和秩序的框架內。在這方面，我們可以向西方發達國家學習，他們有比較嚴密的法律規定和文化規範，使人們在法治的框架下討論問題。譬如，西方國家對網路上的言行是有很多限制的，可是他們卻要求中國在網路空間完全放棄自己的管理權。這顯然就是雙重標準了。徹底的辦法是把西方國家對網路空間監控和管理的規則告訴我們的人民。斯諾登揭露的事情應該喚醒我們的人民，不要聽信西方的蠱惑。西方明確規定，不能鼓吹暴力和推翻現行制度的言論，許多法律和政治正確的要求，讓人們的言論保持在「合法的」形態下；另外，還有保護個人隱私的法律，因而「人肉搜索」就受到約束。既然西方的辦法是靠法治來約束，那我們也盡快完善自己的有關法律。

七是在話語權競爭的背景下，要增強意識形態的競爭力，就要變革和完善意識形態的話語方式。我們應該如何理解習近平總書記說的「使核心價值觀的影響像空氣一樣無所不在、無時不有」？我認為，不是我們天天講那幾個概念，而是潤物無聲，讓我們的核心價值觀像鹽和調味品一樣，滲透在作品、課堂和各種活動中，烹飪出豐富多樣的美味佳餚來。我們要學會基於價值觀講故事，而不是直接讓人天天直接吃鹽或調

---

21 劉柳：〈新加坡老人，有所為有所養〉，《環球時報》，2015年3月27日。

味品，那樣必然讓人倒胃口。實際上，真理也需要表達的形式，鋼鐵般的邏輯也需要詩一樣的語言。良藥不一定苦口，我們可以給其加上糖衣，讓其更順暢地發揮功能。講故事一定要基於闡發人性的光輝。「炸雞和啤酒」這一句簡單的話是來自韓劇《來自星星的你》中女主角千頌伊（全智賢飾）最喜歡在初雪時吃炸雞喝啤酒的對白：「下雪了，怎麼能沒有炸雞和啤酒」的一句臺詞，火爆網路。一段時間關於炸雞和啤酒的話題在微博盛傳，顯然背後是男女之間相互想像的人性力量起作用。

　　八是增強意識形態工作的吸引力就必須完善思想理論宣傳工作。意識形態工作是做人的工作，是做人心的工作，必須得法。工作是要加強，但如果加強的方法不對路，就可能是南轅北轍、事倍功半。筆者認為，做意識形態工作，軟性滲透比生硬地直接灌輸效果好，自我認同比強制接受好，平等地對話比居高臨下效果好。在馬克思看來，理想的社會應該是「相互教育的自由人的聯合體」。馬克思批評了將教育看成是少數傑出人物對大眾的啟蒙的觀點，他在《關於費爾巴哈的提綱》中指出：「環境是由人來改變的，而教育者本人一定是受教育的。」[22]思想理論和德育工作，不是一部分人教育另外一部分人，而是人民之間的相互教育。另外，其他學科知識和技能有專家，比普通人懂得多，但在思想境界和道德水平上，誰也不能自視比別人高。因此，思想理論和道德教育是一個自我教育和相互教育的過程。意識形態不只是用來說的，它應該是行動的方向和指南，因此通過實踐行動體驗內化比只是言說效果好。我們應該多開展涵養社會主義核心價值觀的實踐活動。要實現這一點，就應該擴大人民群眾的公共參與，通過公共參與達成人民群眾自我教育和相互教育的目的。更多的民主參與才能熔鑄共同的生活方式，形

---

22 《馬克思恩格斯文集》卷1（北京市：人民出版社，2009年），頁500。

成共同的價值觀及其對價值觀的共同理解，才能達成更加廣泛的意識形態共識。意識形態認同與共識就是建立在共同生活方式之上的「我們感」。

第三節　通過教育變革增進國家認同

　　全球化進程使人的認同發生了複雜的變化，人的多樣身分如何內在整合成為具有連續性和完整性的認同，是一個值得我們重新思考的問題。本書聚焦在教育與國家認同的關係上，即探討教育與人們形成國家認同之間的內在連繫，經濟全球化、資訊網路化以及具有後現代特徵的知識經濟對國家認同提出了哪些新挑戰，以及我們應該如何調整我們的國家認同教育。結論是：國家認同的教育需要完善國家認同教育的敘事方式，並且引導人們積極參與公民生活，通過自覺意識和公民實踐形成國家認同。

一、教育在國家認同形成中的作用

　　全球化進程已經使所有人的認同發生了複雜的變化，人的多樣身分如何內在整合成為具有連續性和完整性的認同，是一個值得我們重新思考的問題。[23]實際上，有些人的國家意識已經很淡漠。美國蓋洛普公司在全球的民調顯示，「全球有七億人希望永久移民到另外一個國家。……這一數字占全球成年人口總數的百分之十六……，這些人都覺得『異鄉的月亮更圓』。」[24]為什麼人們的國家歸屬感如此容易被動搖？

---

23 韓震：《全球化時代的文化認同與國家認同》（北京市：北京師範大學出版社，2013年），頁77。
24 管克江：〈調查：全球7億人想移民〉，《環球時報》，2009年11月5日。

其原因是非常複雜的，在這裡，我的話題只想聚焦在教育與國家認同的關係上，即談談教育與人們形成國家認同的過程中的作用，經濟全球化、資訊網路化以及具有後現代特徵的知識經濟對國家認同提出了哪些新的挑戰，以及我們應該如何應對這些新的變化和挑戰，改善我們的認同教育，以便在變化的時代中強化國民的國家認同感。

二〇一二年香港因制定和頒布《德育及國民教育課程指引（小一至中六）》中國的教育當然應該引導中國青少年認同自己的祖國。應該承認，教育與國家認同之間的關係，只是到了近代才真正成為一個突出的問題。引起了一場風波，某些勢力以所謂反對「洗腦」為藉口極力抵制。為什麼這些勢力對國民教育如此之仇視？實質上，這證明有人不願意看到香港下一代認同祖國。這也從反面確證了教育與國家認同的密切關係。實際上，世界各國，包括美國和歐洲，都有自己的公民教育課程。針對香港公民教育的風波，時任教育部長袁貴仁表示，作為公民，都需要接受國民教育。他指出：「任何國家和地區，都有國民教育。因為，你是這個國家的公民，要受國民教育。至於國民教育的內容是什麼，各個國家或地區，可以根據國情、省情、地情來制定，這是我的態度。」我認為，袁部長的觀點是正確的。既然美國可以進行美國第一或美國例外的教育，在紛繁複雜的國際形勢下，國家必須堅持對教育特別是公民教育的主導權，以便在複雜多變的背景下強化國民的國家認同感，增進國民的凝聚力。[25]

教育與認同有著內在的連繫，教育在其本質上就是為了把人培養成什麼樣的人，即讓人認同什麼樣的文化、價值觀、道德規範和行為方式。什麼樣的教育就必定塑造什麼樣的人。國家的公民教育就是為了培

---

25 教育部基礎教育課程教材專家工作委員會：《義務教育歷史與社會課程標準（2011年版）》（北京市：北京師範大學出版社，2012年），頁6。

養人對國家的認同。正如美國的教育是引導美國青少年認同美國，法國的教育引導法國青少年認同法國，俄國的教育讓俄國青少年認同俄國，日本的教育引導日本青少年認同日本……，中國的教育當然應該引導中國青少年認同自己的祖國。

應該承認，教育與國家認同之間的關係，只是到了近代才真正成為一個突出的問題。在古代，教育往往是私人性質的。譬如，中國古代的孔子收「束脩」而講學，到後來則發展出一些成規模的書院和無數的私塾；儘管如此，古代中國的教育也與國家認同有內在的關聯，其中最為顯著的就是秦始皇所肇始的「書同文」和「車同軌」。有了漢字的教育，中國各地方言的多樣性就沒有超出中華文化同一性的大框架，各地儘管讀音有差別，但我們的文字是統一的。在古希臘，有蘇格拉底的教育活動以及講授雄辯術的智者，還有柏拉圖、亞里斯多德等人的學園。即使在中國古代有部分的官學，也只是統治者為了選拔和使用少數治理國家的精英人才而設的，大多數兒童並沒有接受正規教育的機會。在歐洲，後來也出現了一些集中的教育，即教會壟斷的修道院。現代化進程中的一個重要標誌就是國家開始壟斷國民教育，這後來發展成為義務教育。民族國家和國家壟斷教育相互促進，使歐洲的現代民族國家得以立足。受西方的影響，在清朝末年各地辦西學教育就開始蔚然成風。在推翻帝制建立民國之後，中國加快了學習西方的進程，開始普遍設立現代基礎教育體系，但由於貧窮落後，真正能夠接受最起碼的基礎教育的人仍然限於家庭富裕的子弟。直到新中國成立之後，普遍而普惠的義務教育才真正得以發展。

為了國家的長治久安，一個國家的教育體系的根本目標之一就是要培養積極的公民或高素質的國民。一個國家實施什麼樣的教育，就意味著這個國家希望人們有什麼樣的文化認同和國家認同。

第一，教育可以通過共同的語言和生活樣式的教育培養國民的共性

和民族特性。[26]民族國家的教育體系，都是要在自己管轄的邊界內把自己的語言體系和生活規範傳遞下去。法國的學校用法語講課，這在都德的《最後一課》中，集中體現了語言與國家認同之間的關聯。儘管歐洲的和解法國人就不再提都德的這篇文章了，但文章本身反映的問題卻是實實在在的。正因為語言教育的重要性，英國首相卡梅倫才指出，「所有在英國的移民必須講英語，學校必須向學生講授英國的共同文化。」[27]也正是出於同樣的原因，二〇一〇年十月十六日，默克爾在基督教聯盟的會議上竟然說：在德國構建多元社會的努力已經「徹底失敗」，外國移民應該更好地學習德語，融入社會。「我們感到自己與基督教的價值觀緊密相連，那些不接受它們的人在這裡沒有位置。」[28]當今世界，比利時瓦隆大區和弗拉芒大區之間的語言差別經常使國家認同成為問題，比利時甚至為此一年多沒有政府，國家也走到差一點分裂的地步。加拿大魁北克的雙語活動，也反映了魁北克講法語的移民希望能夠延續自己的語言和生活樣式。南斯拉夫解體之後，各國都希望把原本差別不大的語言進一步特殊化為特殊的民族語言。在斯洛維尼亞駐華大使的推動下，其外交國務部長、科技教育國務部長分別訪問北京外國語大學時，都要求我們把作為選修課的斯洛維尼亞語開設成為招收本科生的專業。實際上，英語國家不斷地推動英語在世界範圍內的傳播，也與他們希望更多地培養能夠理解他們的文化、價值觀和生活方式的人。顯然，教授一種語言不僅是賦予一種交流的工具，語言實際上都承載著這個民族千百年來凝聚的文化傳統和智慧。語言不僅是交流資訊的單純形式，不同

26　〔荷蘭〕克里斯·洛倫茲：〈比較歷史學理論框架的初步思考〉，《山東社會科學》，2009第7期，頁42。

27　〈英首相公開抨擊多元文化，指其催生本土伊斯蘭恐怖主義〉，《參考消息》，2011年2月6日。

28　薛巍：〈文化多元主義的可能性〉，《三聯生活週刊》2010年第46期，總第604期，頁158。

的語言背後都有不同的文化人類學的旨趣。例如，在中國接受了系統的教育，就特別容易理解「家國同構」的倫理觀念，而這歐美人可能對此就感到陌生許多，因為他們從沒有接受這樣的教育。

第二，教育可以通過文化傳承為國家奠定統一的文化傳統。一個民族國家的存在不僅有其國土和物質生產的基礎，而且也是有其精神傳統的延續的，當國民都有著思想意識和文化上的共同感時，這個國家才是有機的民族國家。這就是有學者所說的，「一個社會不應局限於物質生產和經濟交流。它不能脫離思想觀念而存在。這些思想觀念不是一種『奢侈』，對它可有可無，而是集體生活自身的條件。它可以 明個體彼此照顧，具有共同目標，採取共同行動。沒有價值體系，就沒有可以再生的社會集體。」[29]實際上，民族國家的教育就是通過文化意識和價值觀的再生產而延續民族國家的存在。因此，任何國家的教育體系，也必定以自己民族的文化傳統為底色傳承文化。

第三，教育可以通過文化創新為國家培養適應未來發展需要的人力資源。一個國家越是治理得好、發展得快，這個國家的國民就越是對自己的國家認同感到驕傲。教育可以通過培養更多掌握現代知識、技術和技能的人，為國家的發展提供源源不斷的人力資源，促進國家的快速發展，實現國家的良好治理。當宇航員隨神舟飛天，當嫦娥三號帶玉兔到月球而玉兔能夠在月球行走時，全中國人民都會為之驕傲和自豪，這有利於強化自己的國家認同感。

第四，教育可以通過價值觀的教育為國家塑造共同的道德理想和奮鬥目標。一個國家的認同往往基於這個國家的共同理想和奮鬥目標。這就是說，「……社會成員通過走向他們共同目標的構想，形成一個價值

---

29 〔法〕吉爾・利波維茨基，〔加〕塞巴斯蒂安・夏爾著，謝強譯：《超級現代時間》，（北京市：中國人民大學出版社，2005年），頁111。

共同體。」[30]教育不僅可以把國家的價值觀、榮辱觀和道德規範系統地傳遞下去，為全體國民構建一個共同的精神家園，而且可以通過把新的奮鬥目標——如國家的獨立、民族的復興、社會的發展——傳遞給未來的國民，把人民引向共同的追求。當前，中國夢的教育就是一個鮮活的例證。「中國夢是民族的夢、人民的夢，也是每個中國人的夢。」[31]進行中國夢的教育，就是在為中華民族的偉大歷史復興塑造更加廣泛的國家認同，並且為這種認同凝聚更偉大的中國精神，聚集更廣泛的中國力量。

教育與國家認同的形成和延續是密切相關的，但國家認同及其國家認同教育都面臨新的挑戰。

二、現時代國家認同教育面臨的新挑戰

在經濟全球化、資訊網路化、知識經濟和文化多元化的背景下，國家認同及其關於國家認同的教育也面臨著許多新的挑戰。正如美國的約瑟夫・奈指出的，「資訊革命、技術變革和全球化不會取代民族國家，但會讓世界政治的行為體和所有問題變得更為複雜。」[32]

第一，全球化背景下，經濟的跨國活動和人員的跨國流動，使原本一個國家內部的教育變成可以在全球範圍內選擇的過程。教育越來越國際化了，這必定影響教育對國家認同的效力。現在，有許多人因工作或學習的原因長期在國外生活，他們的孩子往往就跟隨他們在國外學習。

---

30 〔德〕阿克塞爾・霍耐特著，胡繼華譯，曹衛東校：《為承認而鬥爭》（上海市：上海世紀出版集團，2005年），頁128。

31 中共中央宣傳部：《中國特色社會主義學習讀本》（北京市：學習出版社，2013年），頁168。

32 〔美〕約瑟夫・奈著，門洪華譯：《硬實力與軟實力》（北京市：北京大學出版社，2005年），頁187。

儘管他們的國籍仍然是中國，但他們的教育卻讓其認同變得複雜起來。父母的影響，特別是與一起學習的外國兒童差異性，仍然使他們意識到自己是中國人，但他們接受的教育又可能弱化他們的國家認同。有些人雖然仍然生活在國內，但他們可能為跨國公司工作，其經濟利益和文化身分有時也可能是相互干擾的。

第二，在互聯網和數位化時代，教育資源和知識的超時空的流通很大程度上解構了國家壟斷教育和控制知識傳播管道的權力。目前階段的全球化，其主要推動力是網路及軟體。隨著互聯網的普及與進一步發展，全球的連繫更緊密，資訊傳遞更加暢通、快捷。世界在變小的同時，也在變得更扁平、更平坦，過去阻礙交流的各種壁壘正在被消除。資訊的公布不再限於國家體制內的傳播管道，各種思想也通過新媒體隨意地流轉傳播。近些年來，美歐憑藉他們在網路和話語權方面的優勢，掌握著輿論話題的設置權，同時也掌握著不同資訊的流通速度和流通量。我們的許多青年在不知不覺中就接受了很多西方的文化和價值觀，現在不僅有越來越多的人過洋節，而且許多人在引用和使用概念時，信手拈來的往往是西方的觀念。我在主編初中《思想品德》教材的過程中，有些青年教師選取案例時往往首先想到美國的案例，而我必須提醒他們改為中國的案例，因為這樣的案例在中國也是比比皆是，並不缺失。這說明，他們平時看國外的書更多，接受西方的資訊越來越多。最近，參加了一個關於環境保護和綠色經濟的國際研討會，有一個同行寫的會議介紹觀點明顯地受西方影響，即把環境問題的責任更多地推到發展中國家身上。環境保護是對的，但一定要認識到：西方歷史和現實中都應該承擔更多的責任和義務。由於更多地閱讀了西方主導的資訊，不假思考地就接受了西方設置的議題和觀點，這是西方觀點利用其資訊傳播的優勢地位改變他國人民思想意識的自然結果。在我們的時代，類似的現象絕不是孤立的事情，它們對青年的國家認同肯定有弱化的效應。

第三，在知識經濟時代，創新教育和批判性思維成為教育不能忽視的內容，這在培養學生創新能力的同時，也可能消解國家的權威和神聖性。傳統農業社會，知識主要是以經驗的形態存在的，經驗知識需要時間歷練的積累，因此具有經驗的老年人具有權威性，社會也表現為傳統導向的特徵。工業社會以大規模標準化批量生產為特徵，知識以理論原理的形態存在需要人們對知識的普遍性理解和普世性效應，另外分工和生產線也要求紀律和權威的存在。而當前的知識經濟，是以智慧技術和技術設計來創造財富和價值的時代，需求的個性差異和創新驅動已經成為知識經濟的特徵，為了表示自己跟上了時代的節拍，人們都試圖通過對權威的懷疑而表示自己的獨立性。在這種情況下，國家機構的公信力下降，已經成為一個世界性現象，許多西方國家的元首、政府首腦和其他政治人物的民意支持率都很難提升到較高的地位。像過去那樣一呼百應的領袖人物，已經失去了存在的土壤。由於過多的曝光率和資訊破解了他們的神祕感，因距離感而產生的魅力已經被解構了，即使有些人有點超人的魅力，也會很快被到處流通的碎片化的資訊或大資料解構。國家領導人的魅力不再，權威性受到多方嘲笑和質疑，這必然也會影響到國民對國家公信力的信念，從而動搖人們的國家認同。

國家認同面臨著社會變化的挑戰，而這個進程又是不能抗拒的。我們不能回避挑戰，而只能根據變化了的時代而積極迎戰。

三、在新形勢下如何完善國家認同教育

面對現代社會發展的新特徵，我們必須認識和理解這些變化對教育及國家認同構成的新問題。只有在認識了問題本質的情況下，我們才能提出解決新問題的辦法。一方面，我們不能因「國際眼光」和「世界公民」的概念而天真地放棄國家認同教育的職責，另一方面我們也不能簡

單地延續過去的教育方式和方法。恰如英國學者鮑伯‧傑索普所說，「……在當前全球化的以知識為基礎的經濟當中，民族國家仍然重要，它不是正在消亡，而是正在被重新想像、重新設計、重新調整以回應挑戰……」。[33]基於此，我認為，我們必須根據變化著的時代來調整和重構我們的國家認同教育。

首先，我們必須把國家認同教育建立在先進的更具有世界歷史意義的價值理念基礎上，在全球化和理念「並置」且競爭的情況下，只有先進的價值理念才更具有感召力、吸引力和競爭力。在全球化的時代，只是身在某國的國家認同還不夠，還必須有作為一國公民有值得為之自豪和驕傲的理由，這才能奠定國家認同的內在的理想信念。正因為如此，我們必須積極培育社會主義核心價值觀，並且把這種價值觀置於人類社會進步發展的前進方向的引領力量上。我們當然不能夠像有些國家那樣把自己的價值觀強加在別人身上，但是，毋庸置疑的是，我們的價值觀的吸引力、影響力和感召力則基於它的先進性。

其次，我們必須把國家認同的教育放在國家公民共性基礎上，而不是單純的族群認同上。這樣的教育，才能對內團結各民族人民，凝聚國民共性和「我們感」；對外展示中國公民獨特的國民氣質和品格，形成中華民族的共同文化特徵。中華民族特性使我們能夠與其他民族相分殊，公民共性使我們成為有同一性的國民，這樣就可以構建基於國民共同文化基礎上的國家認同。我們的教育就是以主流價值觀和文化範式塑造國民，讓全體國民有同樣的價值觀、權利和義務的責任意識以及道德和行為規範。只有這樣的教育，才能幫助人們——無論是漢族還是少數民族——形成共同的國家認同。

---

33 〔英〕鮑伯‧杰索普著，何子英譯：〈重構國家、重新引導國家權力〉，《求是學刊》2007年第4期，頁32。

再次，我們必須把國家認同的教育與國民的自主自覺意識、與公民參與國家公共生活的實踐結合起來，這樣形成的國家認同才是內在的可持續的認同。如果說過去純粹的灌輸還能夠起作用的話，那麼在全球化和網路化的現在，任何認同教育必須引導自主自覺地理解和接受才能達成認同的實際效果，只有引導人們積極參與公民生活才能體驗到歸屬感和愛國的情懷。在此，我們必須要反對兩種傾向，一種是反對進行任何國家認同教育，一種是把國家認同只是推給學校的教育。實際上，正如美國哲學家桑德爾所說的，「這種教育不僅在學校中，同時在公共生活中。公民德性不是天生的，而是需要通過學校和公共領域中的建制得到培養和發展。」[34]但是，另一方面，「公民德性不是從書本上可以得到的東西，而是需要通過親身參與社會實踐來得到。」國家認同是國民自豪感和愛國主義的情感，這種自豪感和愛國情懷需要教育，但必須與公民參與國家公共生活的實踐教育和體驗結合起來。國家認同的情感不可能通過強迫獲得，只能依靠自覺意識和公民參與發展而來。

最後，我們必須改進和完善我們公民教育的敘事方式。我們過去往往單純地講了一些概念，如愛國、敬業、責任等等，但沒有很好地將這些概念和價值觀融入我們知識教育的敘事之中。我們一直強調加強思想政治教育，但在完善思想政治教育的效果方面仍然有很多值得研究的地方，仍然有很大的改善空間。我們要學會把價值觀融入正常的生活敘事和知識敘事之中去，而不是簡單地重複主流價值觀的概念本身。正像在「北京學術前沿論壇」的一次演講中一位向我提問的同學所說的，主流文化和社會主義核心價值觀「也許就像鹽一樣」，它們應該滲透在「各種菜肴」——文化敘事和公民生活——之中，從而使菜肴味道更加美

---

34 〔美〕邁克爾·桑德爾著，王佳祺編譯：〈公民身分：面向世界的認同與表達〉，《中國社會科學報》2007年6月7日。

妙，而不是每次都把它們作為單純的概念直接端出來讓人們吞咽，這樣
做就類似於讓人直接吃鹽，味道未免太鹹了！

第四節 不斷夯實文化自信的根基

中華文明曾經有過古代的輝煌，因而被稱為「文明古國」。可是，由於近代的落伍，中國人的自信心曾經受到極度摧殘。當是時，偌大的中國，不僅在西方的堅船利炮面前一時間懵然不知所措，而且連往日的周邊「蠻夷」也開始欺凌「天朝上國」。法國人佩雷菲特稱中國是「停滯的帝國」，更有列強把中國人看作是「東亞病夫」，他們似乎把中國看成是永遠逝去的落日，再也不可能成為世界歷史舞臺的主角。但是，這些人顯然不理解中國文化內在的自強不息的生命力，看不到中華民族與歷史命運相搏的頑強韌性。實際上，近代不堪回首的漫長「心酸」歲月，在大歷史的刻度裡，只是文明演進的瞬間片段。在「中華民族到了最危險的時刻」之警醒下，我們通過幾代人前赴後繼、不屈不撓的奮鬥，再次實現了中華民族鳳凰涅槃般的復興與崛起，重新回到了世界舞臺的中心。由此，習近平總書記在七一講話中指出：「當今世界，要說哪個政黨、哪個國家、哪個民族能夠自信的話，那中國共產黨、中華人民共和國、中華民族最有理由自信的。」[35]這是何等的民族豪邁，這是何等的文明氣魄！

中華民族的文化自信是有深厚的歷史根據、有堅實的現實基礎、有穩定的制度性保證的。在中華優秀傳統文化之中，可以找到中國改革開放和經濟社會成功發展的根據；反過來，中國改革開放和經濟社會成功發展也在確證和鞏固著我們的文化自信心。

首先，我們的自信是基於中華民族在歷史中形成的堅如磐石的自主

---

35 習近平：〈在慶祝中國共產黨成立95週年大會上的講話〉，《人民日報》，2016年7月2日。

意識，無論碰到什麼風浪，無論遭遇什麼樣的挫折，我們都不會動搖自己獨立自主、走自己的路的意志。中華民族獨立自主的意識來自何處，其答案就在悠久的文化傳統之中，這是我們自信的歷史根據。正如習近平總書記指出的，「在幾千年的歷史流變中，中華民族從來不是一帆風順的，遇到了無數艱難困苦，但我們都挺過來、走過來了，其中一個很重要的原因就是世世代代的中華兒女培育和發展了獨具特色、博大精深的中華文化，為中華民族克服困難、生生不息提供了強大精神支撐。」[36]歷史已經證明，中華民族是一個有創造力的民族。早在商周之際，我們的前輩就有了禮制的創設，隨後有春秋戰國時期諸子並起的百家爭鳴，隨後而來的是秦朝統一、兩漢雄風、大唐盛世，再到兩宋時期的文化繁榮……習近平總書記說過，站立在九百六十萬平方公里的廣袤土地上，吸吮著中華民族漫長奮鬥積累的文化養分，擁有十三億中國人民聚合的磅礴之力，我們走自己的路，具有無比廣闊的舞臺，具有無比深厚的歷史底蘊，具有無比強大的前進定力，中國人民應該有這個信心，每一個中國人都應該有這個信心。習近平總書記在哲學社會科學工作座談會上的講話中指出：「我們說要堅定中國特色社會主義道路自信、理論自信、制度自信，說到底是要堅定文化自信。文化自信是更基本、更深沉、更持久的力量。」[37]正是這種文化自信，保證了中華文明穿越了歷史的風風雨雨，數千年綿延如縷；正是這種文化自信，給了中國人不屈不撓的精神氣質，總是能夠在困難中保持光復舊物的勇氣；正是這種文化自信，給了中華民族開放包容的恢宏氣度，勇於在文化交流互鑒過程中不斷擴展自己的文化視野、拓新自己的文化內涵。有了這種文化自信，即使有歷史的起伏、有暫時的挫折，中華民族都不會自暴自棄，而

---

36 習近平：〈在文藝工作座談會上的講話〉，《人民日報》，2015年10月15日。
37 習近平：〈在哲學社會科學工作座談會上的講話〉，《人民日報》，2016年5月19日。

是永葆自強不息的精神意志。這種文化自信，不僅造就了中華民族的輝煌歷史，而且也奠定了當代中國改革開放事業的成功基石。

中華民族的文化自信奠基了中華文明綿延不絕的自主發展歷史，反過來，中華文明綿延不絕的自主發展史進一步凝聚了中華民族的文化自信心。我們的文化自信，一方面給中華文明的歷史發展提供了一個有豐富文化內涵的起點。有了這個起點，我們的任何努力都是在豐富壯大自己，使中華民族和中華文明不僅得以延續，而且一旦時機成熟就會激發出勃勃生機。有了這個起點，作為中華民族的「我」在變化之中是變成一個更新的、更豐富、更強大的「我」；缺少了這個起點，「我」在變化之中就可能成為「非我」，成為「他者」。也就是說，如果沒有這樣一個起點，我們就失去了自己的文化根基，甚至改變了自己的文化基因，我們的歷史性努力可能就在做別的事情，甚至是做自我摧毀的事情。正如習近平總書記指出的，「文化是一個國家、一個民族的靈魂。歷史和現實都表明，一個拋棄了或者背叛了自己歷史文化的民族，不僅不可能發展起來，而且很可能上演一幕幕歷史悲劇。文化自信，是更基礎、更廣泛、更深厚的自信，是更基本、更深沉、更持久的力量。堅定文化自信，是事關國運興衰、事關文化安全、事關民族精神獨立性的大問題。」[38]另一方面，中華文明綿延不絕的自主發展歷史，也給當代中國社會的時代性發展提供了豐富的可資借鑑的文化資源，從而開闢了民族復興的廣闊空間。中國有悠久的歷史傳統，這就是我們的一筆財富。與美國的文化相比，我們有歷史的厚度；與許多小國家相比，我們的文化有空間的廣度；中國文化在外來文化洪水般沖積下仍然從容發展，說明了我們文化的深度。就文化形態而言，中國文化自主性之「我」，就

---

38 習近平：〈在文聯十大、作協九大開幕式上的講話〉，《人民日報》，2016年12月1日。

不僅是能夠保持為「我」，而且是內涵豐富、表現形式多樣、有內在深度的「我」。

　　其次，中華民族的文化自信是建立在堅實穩健的發展現實基礎上的，中國特色社會主義事業的成功，中國改革開放所創造的「中國奇蹟」，讓中華民族的文化自信心得以確證、彰顯和鞏固。同處在一個「地球村」，同處於經濟全球化時代，為什麼偌大體量的中國能夠實現幾十年的快速發展？在百舸爭流的經濟全球化大潮中，為什麼中國人能夠有「中國奇蹟」？原因就在於，中國不僅有自己一脈相傳的文化傳統，而且能夠自信地面對其他文化的競爭。這就是說，中國的發展給了中國人文化自信的理由，而中國的文化自信本身又是中國發展的根源之一。實際上，中華文明綿延不絕的自主發展歷史，同時就成為中國社會不斷進步發展的不竭動力。這是因為中國文化多元一體，其內在的豐富性與統一性相得益彰，本身就構成一個具有內在發展活力的共同體。早在十幾年前，面對中國令人眼花繚亂的發展變化，美國企業戰略家庫恩‧勞倫斯‧羅伯特就告訴世人：中國「經濟上的變化只是我所看到的第二個最大變化；中國真正最大的變化是人民的思想和精神——他們的看法和見解、開放性的思維、對自己國家和人民的自信、他們走上世界舞臺時所表現的那種熱情，還有他們現實生活中所擁有的個人自由。」[39]另有學者在美國二〇〇八年五月號的《亞洲研究》中指出：「中國在改革起步階段就致力於通過市場開放來提高企業的競爭力，而沒有像其他東亞國家那樣採取貿易保護主義政策。」[40]敢於在開放中交流互鑒，敢於在競爭中一試身手，敢於在對抗中壯大自己，敢於大膽地改，敢於大

---

39 庫恩‧勞倫斯‧羅伯特著，朱亞當編譯：〈我所看到的中國變化〉，《環球時報》，2005年11月16日。

40 趙英男：〈中國的軟實力：資源與前景〉，《國外社會科學文摘》2009年1月號，頁27。

膽地試，這就是中華民族文化自信的表現。

實際上，一部中國史就是與周邊及不斷擴大的其他文明的交流互鑒的歷史。一方面，「中華民族從一開始就是多元的，在漫長的發展過程中，漢族不斷與周圍的民族相融合，形成了由五十六個民族組成的大家庭。」另一方面，「中華文明和域外文明的接觸，無論是與印度佛教文明的接觸，還是對西方近代文明的引進，都促進了中華文明的發展。」[41]中華民族在相互交往中不斷融合成長壯大，例如，在漢唐之際就以包容的胸懷、恢宏的氣勢與周邊民族交流互鑒，不僅造就了漢唐盛世，而且也擴大了中華文明的影響力。即使到明朝時期，鄭和七下西洋的壯舉，也展示了中華民族廣闊的文化視野。相比之下，隨後的閉關鎖國、故步自封只是中國歷史的末流枝節。中國人民為什麼能夠以開放的胸襟面向世界，這是因為中國的天下觀本身就是開放的，其理想是不同文化之間差異不影響和平共處，這就是「和為貴」的初衷用意，「和而不同」的方法途徑、「協和萬邦」的目標追求。可以說，「天下為公」的價值理念，決定了中國文化的開放性、公允性。這種文化發展到改革開放的今天，就演變成為「人類命運共同體」的理念，就成為中國「堅持主權平等、共同安全、共同發展、合作共贏、包容互鑒、公平正義」的外交政策。正是基於對自己文化的自信心，中國才能夠為自己發展創造了良好的國際環境。也正是這種自信心，讓我們具有敢於學習外來文化優秀成果的博大胸襟，才有了把「差異」變成豐富自身構成、把不足變成與時俱進的動力的可能性。

最後，中華民族的文化自信有著穩定的制度性保證。當代中國經濟社會的發展成就說明，綿延幾千年的中華文化，是中國特色社會主義事

---

41 袁行霈等主編：《中華文明史》卷1，（北京市：北京大學出版社，2006年），頁13。

業發展的深厚基礎。中國的發展是有原因的,這個原因一是中國本身的文化傳統,二是中國找到了符合自己文化傳統的發展道路、理論體系和社會制度。而問題的關鍵在於,中國的發展道路、理論體系和社會制度是有自己的歷史根基的。有了這種文化根基,我們在學習外來文化時,也不會迷失自我;有了這種文化根基,我們的發展就不是無本之木、無源之水。中國的發展就像一棵根深葉茂的大樹,樹越長越高,根越紮越深。

面對中國的高速發展,曾經自以為是的西方人的傲慢心態開始動搖了。工業革命以來,西方人對亞非國家滋生了優越感,他們把歐美的道路視為國際標準的發展路徑。以西方為中心的世界觀,讓西方人習慣性地低估了非西方文明和發展中國家在以往歷史發展中的作用。特別是在東歐劇變之後,有些人甚至認為「歷史終結」了,即在邏輯可能性上只能是西式民主和自由市場經濟,以後的歷史演化只是這些模式在時間中的展開而已。英國著名學者馬丁‧雅克就指出:「當時西方還有一個有失偏頗的觀點,認為現代化只有一種模式,那就是西方式的現代化。」這顯然是偏見,但是這種偏見卻成為西方學術的集體無意識。「事實上,現代化的模式有很多種,中國不會按照西方所設定的模式走現代化之路,而將呈現出明顯的不同,其原因就在於中國的歷史及文化與西方迥異。因此,中國的崛起將是一種不同於以往的新現象。」[42]可以說,中國發展道路的成功,使西方中心論的歷史觀碰到了一個真正的歷史性挑戰。過去,西方碰到的挑戰大都屬於「內部的危機」,「可現在,這種競爭來自於中國式的社會主義。在西方經濟陷於困境之時,中國經濟

---

42 姜紅:〈歷史和文化乃理解中國之關鍵──專訪英國著名學者馬丁‧雅克〉,《中國社會科學報》2016年5月12日。

近期表現出色，已增強了制度吸引力。」[43]顯然，在當今世界，中國的文化自信不僅是歷史的延續，而且是現實的確證，而這種確證則有中國特色社會主義的制度保證。

對於正處在實現中華民族偉大復興中國夢征途中的中國人民而言，文化自信有著特殊的價值，因為這種自信是更基本、更深沉、更持久的力量。一是文化自信可以增強民族自信心，增強中華民族的文化認同，從而激發全體中華兒女為實現民族復興的偉業而奮鬥的激情和意志。二是文化自信可以破除某些人崇洋媚外的虛幻意識。曾經有人說：中國為什麼發展如此之快，那是因為學習了西方；為什麼中國還有許多不完善的地方，那是因為學習西方還不到家。實際上，完全學習西方的做法——如「休克療法」——都不是太理想。中國在改革開放中即使參照西方的經驗，也是「摸著石頭過河」，而所摸的石頭是作為中國發展問題的「石頭」，因此能夠有的放矢，做符合自己國情的事情，從而取得了成功。另外，什麼是「學到家」，西方自身的發展都出現問題。實際上，之所以稱為「中國奇蹟」，就在於中國的發展規模和速度都是前無古人的。三是中華民族的文化自信可以給世界提供新的發展願景和參照。在當今世界，任何發展道路，如果不能實現又好又快的發展，那就是無效率的和不可持續的；如果這種發展不能讓絕大多數人獲得好處，那就是無意義的或不公正的。中國特色社會主義以人民為中心的發展理念，正是為了讓這兩個方面統一起來，並且已經取得一定的成效。在雄辯的事實面前，英國學者羅思義（John Ross）也認為，「中國的社會主義模式優於資本主義模式」，理由是一是「當前世界上增長最快的經濟體並非遵循……『華盛頓共識』發展，反而是仿效中國的『社會主義發

---

43 羅傑‧奧特曼、理查德‧哈斯：〈美國人的揮霍與美國的權力——財政部負責任的惡果〉，《國外社會科學文摘》2011年4月號，總第371期，頁17。

展戰略」或深受其影響」；二是「仿效中國的發展戰略或深受其影響的國家對世界減貧的貢獻率是百分之八十五，而資本主義國家的貢獻率僅為百分之十五。」[44]是的，中國不僅實現了快速的發展，而且讓幾億人得以脫貧。聯合國的報告指出，近三十年全球減貧成果的百分之七十是由中國貢獻的。中國人民有資格為解決世界問題提供「中國方案」。

　　總之，之所以「中國共產黨、中華人民共和國、中華民族最有理由自信」，就在於當代中國人民基於中國的文化傳統和現實實踐，找到了一條中國特色社會主義道路，構建了中國特色社會主義理論體系，創設了中國特色社會主義制度，建設了中國特色社會主義文化。這種道路、理論體系、制度和文化，保證了我們能夠一方面實現經濟的高速發展，另一方面也能夠讓「以人民為中心」的理念規範我們的發展。對於人類文明而言，這兩個方面都是不可或缺的。鄧小平同志指出：「貧窮不是社會主義，社會主義要消滅貧窮。」[45]但鄧小平同志所說的消滅貧窮，是實現「共同富裕」。而共同富裕又需要經濟發展作為支撐，這就是為什麼他說「發展是硬道理」。正如馬克思指出的，生產力的巨大增長和高度發展「之所以是絕對必需的實際前提，還因為如果沒有這種發展，那就只會有貧窮、極端貧困的普遍化；而在極端貧困的情況下，必須重新開始爭取必需品的鬥爭，全部陳腐污濁的東西又要死灰復燃。」[46]馬克思的話是十分深刻的，他告訴我們，只有物質文明的高度發展才能確證文化的理想、保障文化的自信。正是中國特色社會主義事業的成功，才讓中國人民擺脫了近代以來自慚形穢的心態，真正恢復了文化自信心。經濟社會發展良好，就說明：我們的道路走對了，我們的理論是正

---

44 羅思義（John Ross）：〈沒錯，「中國模式」優於「西方模式」〉，《環球時報》，2016年9月20日。

45 鄧小平：《鄧小平文選》卷3（北京市：人民出版社，1993年），頁116。

46 《馬克思恩格斯文集》卷1（北京市：人民出版社，2009年），頁538。

確的，我們的制度是合理的，我們的文化是值得為之驕傲的。

第五章　如何提高中國的國際話語權

第一節　國家話語權源自國家的道路、理論、制度和文化

　　一個國家的軟實力並不僅僅是文化軟實力，國家軟實力是一種綜合性的整體性的有機力量。軟實力也許常常以文化的形態表現出來，但是其存在的基礎和內在的本質是國家有機體健康發展所產生的影響力的總和。當代中國的國家軟實力，不是大紅燈籠高高掛就可以獲得的，也不是把舞龍舞獅搞到歐美就能夠自動獲得的。民族國家的軟實力來自這個國家的內在活力和健康發展。有了國家的健康發展，你的文化自然就更有吸引力和感召力。國家的健康發展是因，文化軟實力是果。我們不能倒因為果，更不能捨本逐末。有了國家的內在活力，龍獅之舞就可以舞得更加舒展；有了國家穩健的可持續發展，中國紅就顯得更加嬌豔奪目；有了國家內部社會的創造力，我們才會有更多引領時代潮流的文化形式。

　　首先，一個國家的軟實力來自這個國家發展道路的正確。在人類歷史的舞臺上，演出過許許多多國家興亡盛衰的悲喜劇。天若有情天亦老，人世間的興替遠遠快於自然滄桑。君可鑒，月亮還是那個月亮，但一個個曾經強悍的帝國卻轟然崩潰解體；太陽還是那個太陽，原本貧窮落後的民族卻可能一躍成為具有世界歷史性意義的民族。驀然回首，我們不難看出：當所走的道路與歷史發展方向相悖時，國家就必定衰落甚者覆亡；當發展的道路順應了歷史演進的潮流時，國家就可以發展並強盛起來。道路選錯了，結果就可能南轅北轍。在歧途中，縱然人民多麼勤勞勇敢，整個民族可能仍然要在黑暗或水深火熱之中掙扎。一八四○年以來的中國近代史就是明證。中國有廣袤遼闊的國土海疆，有古老而

又博大精深的文化傳統，有億萬勤勞勇敢的人民，可是我們卻在列強的侵略面前敗下陣來，而且敗得一塌糊塗。我們可以把失敗歸罪於「三千年未有之變局」，可是我們為什麼沒有在這個變局中引領潮頭呢？我們顯然是在變局前未看清路，在變局中又選錯了路，在該變的時候沒有以自身的改變適應時代的變化，要變的時候也沒有找對變革的路。我們也可以把失敗歸罪於強虜的入侵，可是我們本該在強敵面前使自己變得更加強大，如果自己本身強大怎麼會被強敵所敗呢？強敵的入侵往往是在這個國家生命體奄奄一息時給予最後一擊而已。我們不僅敗給了一種當時作為「新興文明」的西方列強，我們也敗給了在西方列強刺激下遽然強盛起來的東瀛蕞爾小國。可見，對於國家的發展來說，走什麼路才是硬道理。在古代，當生產力發展到一定程度，走封建主義道路的社會就會興起並取代走奴隸制老路的邦國。在中國，隨著鐵器的發明，生產力已經不能在原有逐級分封和井田制的藩籬下繼續發展的情況下，進行封建主義土地改革的邦國就會迅速崛起，而走老路的邦國則難逃衰敗和滅亡的命運。當資本主義生產方式崛起的時候，不思改革進取而走封建主義老路的國家就必定衰落。在歐美，荷蘭、英國、德國、美國的興起，都與道路的選擇有著直接的關聯；在東方，明治維新的日本主動走資本主義的發展道路，因而在亞洲首先崛起。當然，納粹德國和日本軍國主義無視世界文明的進步，無視世界無產階級革命帶來的人類文明進步，無視殖民地國家人民要求獨立的正義呼聲，反而變本加厲地選擇走侵略和掠奪的道路，這也是他們選擇了自取滅亡的不歸之路。希特勒和日本軍國主義者已經永遠地被釘在了人類歷史的恥辱柱上。

從根本上說，中國的軟實力有賴於中國特色社會主義道路的成敗。我們對自己正在走的道路，充滿自信。在中國共產黨領導之下，中國人民堅持改革開放，在短短幾十年的時間內，把一個相對落後的國家發展成為第二大經濟體、第一大貿易國。美聯社對相關貿易資料的分析顯

示，在二〇〇六年，美國還是全球一二七個國家最大交易夥伴，中國的這一數字為七十個。如今，狀態已經完全逆轉，二〇一二年中國是一二四個國家最大交易夥伴，美國的數量退到七十六個。路如果不對，我們能走這麼快嗎？中國特色社會主義道路就是經濟上科學發展、政治上人民民主、文化上構建充滿活力的先進文化、社會上追求公平正義、生態上追求與自然和諧共存。選對了道路，不是說我們就沒有問題了，就此可以高枕無憂了。我們的道路是隨著歷史的進程不斷繼續開闢的道路，我們的經濟發展模式也有一個不斷轉型和完善的過程，我們的人民民主也有一個不斷拓展的過程，隨著社會的發展我們越來越注意社會公平，隨著生產力的提高我們也越來越意識到生態文明的重要性。無論如何，中國特色社會主義道路的國際影響越來越大，吸引力越來越強，這也是不可否認的事實。

其次，一個國家的軟實力來自這個國家思想理論的先進。社會理論來自社會實踐，但又反過來指導著實踐。宇宙是永恆變化著的過程。但是，自然的變化是盲目的演化進程，而人類的活動是有目的的實踐活動。人類總是通過自己有目的的活動使自然更加符合人的需要，更加具有人性化的特徵。儘管人類社會的發展仍然有各種看不見的手在起作用，但是隨著人類認識水平的提高，社會越來越成為一個自主自覺地走向自由王國的進程。在這個通往自由王國的進程中，人類歷史上出現的偉大理論，都曾經在自己的時代扮演過重要的引領和啟蒙作用。中國先秦時代諸子百家的思想爭鳴實現了中國人思維方式的突破，不僅確立了中國作為文明古國的歷史性地位，而且也為中華民族的歷史復興奠定了精神基石。希臘先哲所開創的哲學思考，不僅奠定了歐洲文化的根基，而且直到現在仍然是西方思想家不斷回溯而尋找靈感的不竭源泉。文藝復興時期的思想巨匠，通過基於社會發展的人本主義思考，幫助人們逐漸掃除了中世紀的神祕主義陰霾。法國啟蒙思想家的理論不僅促成了歐

美的資本主義革命，而且還把十八世紀標記為法國的世紀。德國古典哲學家用深邃的思想反思了資本主義在歐洲的發展歷史，他們提出的許多問題和概念成為馬克思主義誕生的寶貴思想資源。那些曾經叱吒風雲的理論家，都曾經給人以時代的啟迪，也都曾經給其產生的國度帶來文化的軟實力。但是，馬克思主義才是這個時代真正的理論精華。馬克思主義基於對人類歷史特別是資本主義發展歷史的考察，吸取了人類思想的理論成果，從理論上總體把握了人類歷史規律性的趨勢。

中國特色社會主義理論體系是馬克思主義中國化的最新成果，也是當代馬克思主義基於現實社會主義最前沿、最活躍、最有成就的實踐基礎上的理論成果。中國特色社會主義理論體系，在新的時代條件下系統回答了什麼是社會主義、怎樣建設社會主義，建設什麼樣的黨、怎樣建設黨，實現什麼樣的發展、怎樣發展，新時代堅持和發展什麼樣的中國特色社會主義、怎樣堅持和發展中國特色社會主義等重大理論實際問題。科學闡明了中國特色社會主義的思想路線、發展道路、發展階段、根本任務、發展動力、發展戰略、依靠力量、國際戰略、領導力量等重大問題，是貫通馬克思主義哲學、政治經濟學、科學社會主義等領域，覆蓋經濟、政治、文化、社會、生態、國防、外交、統一戰線、祖國統一、黨的建設等方面的系統的科學理論體系。這個理論體系，創造性地提出了一系列新的重大理論觀點、重大戰略思想，在新的實踐基礎上豐富和發展了馬克思主義。中國特色社會主義理論體系之所以是先進的，是在於它是開放的和與時俱進的。我們黨總是避免故步自封，總是強調實踐是永無止境的，理論創新也是永無止境的。正是這種與時俱進的品格，讓中國特色社會主義理論體系永葆青春活力。在中國特色社會主義理論體系指導下，我們的國家已經取得了舉世矚目的成就，這種理論也將為中國獲得持久的國際影響力。

最後，一個國家的軟實力來自這個國家社會制度的成功。在環境資

源和人力資源相同的情況下，經濟發展的快慢、社會是否穩定和諧，文化是否充滿活力，往往是由這個國家的制度所決定的。社會制度是多層面的，最基本的制度是按照歷史階段劃分的：原始社會，奴隸制度、封建主義制度、資本主義制度、社會主義制度、未來共產主義制度。在同一歷史階段的制度下，又有不同的社會制度，如在古希臘奴隸社會就有君主制、貴族制、民主制，等等。在當前的資本主義國家之中，也有不同的經濟、政治制度，如盎格魯—撒克遜的自由主義資本主義、萊茵河社會資本主義、北歐福利資本主義、日本的財閥資本主義，等等。在同時代，不同的制度往往進行著競爭和較量，比較成功的制度就會獲得人們的青睞。在對立和競爭過程中，不同的社會也往往從對方那裡學習一些好的制度設計。譬如，俾斯麥一邊無情地鎮壓社會民主黨，一邊又把社會民主黨的一些社會主義主張納入德國資本主義制度設計之中，從而緩和了社會矛盾，促進了社會的發展。第二次世界大戰之後，西方資本主義國家更多地吸取了社會主義的許多政策，這對資本主義發達國家戰後繁榮起到了重要的作用。

　　社會主義是一種嶄新的社會制度，它仍然在探索之中。作為自覺構建公平正義人人可以得到自由全面發展的社會，這種制度一產生就產生了巨大的影響力，並且引起了資產階級的恐懼。他們擔心社會主義革命的「多米諾骨牌效應」，試圖用各種方式將這種新興的制度扼殺在搖籃中。當然，社會主義在探索進程中也出現了許多失誤和挫折，過於僵死的計劃經濟模式產生了不良的後果。東歐劇變之後，西方國家一度處在亢奮的狂喜之中，認為歷史就此算是徹底「終結」了。可是，中國的改革開放和社會主義市場經濟建設，為社會主義制度開闢了新的發展空間。中國特色社會主義制度是人民代表大會的根本政治制度，中國共產黨領導的多黨合作和協商制度，民族區域自治制度和基層群眾自治制度的基本政治制度；以公有制為主體，多種所有制經濟共同發展的基本經

濟制度，中國特色社會主義法律體系，以及建立在基本政治經濟制度上的其他政治制度，如經濟制度、文化制度、社會制度。堅持中國特色社會主義制度，就是要堅持把根本政治制度、基本政治制度、基本經濟制度和其他各方面機制體制有機結合起來，堅持把國家民主制度和基層民主制度結合起來，堅持把黨的領導，人民當家做主，依法治國有機結合起來。中國特色社會主義制度有自己的核心價值觀：即國家發展的價值目標是富強、民主、文明、和諧；社會治理的價值取向是自由、平等、公正、法治；人民道德生活的價值規範是愛國、敬業、誠信、友善。這些先進的價值觀是符合時代要求從而代表歷史前進方向的理念，也是主張人民民主從而構建公平正義和諧社會的理念。中國特色社會主義制度，順應歷史的發展規律和中國人民的要求，不僅使社會生產力得到空前的發展，而且大大促進了中華民族的偉大歷史復興。在中國特色社會主義制度框架下，勤勞勇敢的中國人民創造了「中國奇蹟」，這種制度也將為我們的國家帶來文化上的吸引力、感召力和影響力。

總之，軟實力必須有堅實的根基，軟實力必須有硬力量的支撐。中國國家軟實力的根基就是中國特色社會主義的偉大實踐，中國國家軟實力有中國特色社會主義事業成功的支撐。國家的繁榮昌盛所提升的硬實力與體現國家國際影響的軟實力是交相輝映的。對於我們走的道路，我們倡導的理論，我們創設的制度，也許仍然有很多不協調的雜音，但這正是我們影響力增強的表現。這就是說，對於不喜歡我們道路、理論和制度的人來說，他們越來越不能忽視我們了，他們必須通過罵中國來解除他們內心的鬱悶。為了消除中國日益增強的影響力，他們就得千方百計地抹黑中國。不過，事實勝於雄辯。在中國理論指導下，依靠中國制度，中國道路走得越來越順暢，這已經證明了而且還將繼續證明中國國家的軟實力。

第二節　建設文化強國，提升中國文化軟實力

　　文化軟實力是國家綜合實力的重要組成部分。實現中華民族偉大復興的中國夢，把中國建設成為社會主義現代化強國，不僅需要建設國家可持續發展的強大經濟體系、穩定昌明的政治和法律制度，強大而完備的國防體系，而且需要建設一個充滿內在活力和創造力的文化體系。實際上，一個國家的經濟活力也與其文化的創造力密切相關，積極的文化能夠成功地激發人們的創造力以實現社會生活的自主創新。

　　文化強國是一個歷史的、具體的和相對的概念。中國曾經是文明古國，有著燦爛悠久的文化傳統，但那只能代表過去。許多燦爛的古代文明已經淹沒在歷史的長河之中，現在人們只能通過考古或文獻的梳理才能找到它們的蛛絲馬跡。中華文化在漢唐登上了睥視群雄的世界高峰，直到宋明仍然屬於當時全球最強盛的文化傳統，只是由於封建統治階級閉關鎖國的政策，導致我們文化上的自我封閉和僵化。但是，即使如此，中國的文化綿延不斷地延續到現在，也實屬人類文明歷史的奇蹟。但是，我們過去輝煌的歷史，是我們的先人創造的文化豐碑。過去的文化可以延續到現在，但是並不代表現在的文化依然強盛。在歷史時空的現今的座標下，中國依然是一個有自己獨特文化范型的文化大國，但是從全球文化影響力的角度看，我們很難說自己是一個文化強國。為了實現中華民族的偉大復興，我們必須推動一次偉大的民族文化復興。

一、文化強國必須有深厚的文化根基

中國有五千年文明史，有自成體系且綿延不斷的語言系統和文化傳統，有著連續而又開放的獨特精神世界和價值體系，這是中華民族自立於世界民族之林的文化基礎。《道德經》中說：「夫物芸芸，各復歸其根。」這就是說，萬物都有其根基。在《淮南子》中也有這樣的論斷：「萬物有所生，而獨知守其根。」這就是說，離開了自己的根，就不能存在下去。基於原初起源而守其根脈，是中華民族文化傳統綿延不斷的一個重要原因。如果不知珍惜自己的歷史傳統，就等於忘記了自己的根本，丟掉了自己的根基，割斷了自己的精神命脈。

中國特色社會主義是在中國這塊土地上，在豐厚的中華文化傳統上進行的偉大事業。中國特色社會主義道路，不是離開中華優秀文化傳統，而是對這個傳統的延續、發展和進一步的昇華。習近平主席在與德國漢學家、孔子學院和學生代表座談會上講：作為中國的領導人要幹什麼呢，就是不要把中國五千年的文明文化搞丟了。二〇一四年二月二十四日下午，中共中央政治局就培育和弘揚社會主義核心價值觀、弘揚中華傳統美德進行第十三次集體學習。習近平總書記強調，培育和弘揚社會主義核心價值觀必須立足中華優秀傳統文化。習近平總書記還曾指出：我們必須「深入挖掘和闡發中華優秀傳統文化講仁愛、重民本、守誠信、崇正義、尚和合、求大同的時代價值，使中華優秀傳統文化成為涵養社會主義核心價值觀的重要源泉。」民族文化傳統是我們既不能回避，也必須由之出發的起點。沒有這個起點，我們既沒有歷史的深度，也沒有現實的廣度。有起點才有成長的過程，才能形成歷史的累積；有起點才有看世界的視角，才能構成視野的拓展。習近平總書記指出：「不忘本來才能開闢未來，善於繼承才能更好地創新。」對歷史文化特別是先人傳承下來的價值理念和道德規範，要堅持古為今用、推陳出

新，有鑒別地加以對待，有揚棄地予以繼承，努力用中華民族創造的一切精神財富來以文化人、以文育人。根深才能葉茂。文化積累厚實了，才能擁有深邃的文化力量。

二、文化強國必須有先進的文化理念

繼承中華優秀傳統文化，只是文化繁榮發展的基礎和起點，要建設文化強國，必須基於歷史的發展和時代的要求對傳統文化進行創造性轉化和創新性拓展。中國古代文化曾經「光被四表，格於上下」，中華文化曾經長時間扮演了教化和引領四周的作用。我們能否在經濟全球化的時代重振中華文化的雄風和影響力，就看我們是否有符合時代特徵的先進文化理念。我們進行文化的時代轉換和創新，必須有符合歷史發展前進方向的先進理念作為價值引導。

二○一四年五月四日，習近平總書記在北京大學師生座談會上講：「人類社會發展的歷史表明，對一個民族、一個國家來說，最持久、最深層的力量是全社會共同認可的核心價值觀。核心價值觀，承載著一個民族、一個國家的精神追求，體現著一個社會評判是非曲直的價值標準。」「如果一個民族、一個國家沒有共同的核心價值觀，莫衷一是，行無依歸，那這個民族、這個國家就無法前行。」習近平總書記在北京海淀區民族小學主持召開座談會時進一步講：「一個民族的文明進步，一個國家的發展壯大，需要一代又一代人接力努力，需要很多力量來推動，核心價值觀是其中最持久最深沉的力量。」顯然，價值觀是文化的靈魂，有共同的價值觀才有共同的文化根基和理想追求。有共同的文化傳統和核心價值觀，中華民族才能有共同的精神家園。

偉大的民族不僅要有自己獨特的文化傳統，而且這種傳統應該是引領人類歷史和文明進步的先進文化和理念。我們需要什麼樣的價值理念

呢？二○一四年二月十七日，習近平總書記在黨校的講話中指出：「要加強對中華優秀傳統文化的挖掘與闡發」，就要「把超越時空、跨越國度、富有永恆魅力、具有當代價值的文化精神弘揚起來。」在經濟全球化和文化多樣性的背景下，只有符合歷史發展規律、反映社會前進方向的價值觀才具有超越時空、跨越國度的世界歷史性意義。我們的社會主義核心價值觀是基於中國道路和中國實踐，因而必定具有中國特色和形態。但是，從歷史發展的角度看，由於中國特色社會主義道路和實踐遵循著人類社會文明進步的軌跡，因此我們的核心價值觀必定具有普遍的世界歷史意義。正因如此，我們應該把注意力放在闡發社會主義核心價值觀反映人類歷史發展方向的先進性上，放在這種價值觀的超越時空、跨越國度的永恆魅力上。社會主義核心價值觀是具有中華民族特色的價值觀，但是也是具有世界歷史意義的價值觀。我們的道路自信、理論自信和制度自信，都應該建立在我們的文化自信和價值觀自信基礎上。

三、文化強國必須有內在豐富多樣性並與外部進行持續的交流互鑒

　　中華文化生生不息的生命力來自中國文化多元一體的內在多樣性。自古以來，無論是中原的仰韶文化、龍山文化，無論是長江下游的河姆渡文化、馬家浜文化，還有北方的遊牧文化，都成為中華文化的活水源頭。作為中華民族的主體的漢族，本身就是一個族群和文化長期融合的結果。尤其是漢唐之時，對待外來文化的博大開放的胸襟，同化異質為我所用的宏大自信的氣魄，就已經確證了中華文化內在豐富多樣性發展的自主性和創造力。中國有五十六個民族，各種地域文化也異彩紛呈，這種內在的多樣性本身就有利於文化的創新活力和繁榮發展。

　　文化的自信和自主發展，並不意味著可以故步自封，閉上眼睛不看

世界風雲的變幻。文化強國必須與其他文明交流互鑒。歷史證明，中華優秀傳統文化是在對異域文化開放交融過程中發展昇華的。無論是與印度佛教文明的接觸，還是對西方近代文明的引進吸收，都促進了中華文化的豐富與發展。佛教與中國本土文化的交融便產生了禪宗，禪宗則成為中華文化的重要組成部分。譬如，敦煌文化的輝煌成就不僅是域內各民族文化相互促進的結果，也是中國與印度、中亞和西亞各國文化交流互鑒的結晶。文明因交流而多彩，文明因互鑒而豐富。改革開放不僅是強國之路，也是文化繁榮之路。在全球化的時代，我們更應以這種恢宏的氣度，汲取人類文明一切優秀成果，通過綜合、轉換和創造，把中華文化推向一個嶄新的時代高度。

四、文化強國必須有持續的文化創造力

文化是最具創造性的過程，文化的魅力也在其創造力。建設文化強國，需要全社會的活力和我們每個人的主動性和創造性。人類歷史上所有的進步都是有精神內涵的行動所推動。既然人類是靠思想站立起來的，那麼中華民族要屹立於世界民族之林，就需要激發我們民族的思想生產力。我們不能只消費別人的文化和思想，我們要創造自己的文化和思想。我們不能被動地受各種價值觀的支配，我們應該成為新價值觀的提出和引領者。只有充滿文化創造活力的國家，才可能成為文化強國。

文化要充滿活力必須有文化產業作為文化生產者和創造者及文化生產要素的組織者或文化生產力的載體。為此，我們必須加大對思想理論研究的投入，發展與高科技相結合的文化創意產業。過去，我們在世界各處銷售的標有「Made in China」的產品，大多還是一些附加值比較低的低端產品，我們應該逐漸走向產業鏈的高端，但最高端的就是文化產品，或者是產品中所蘊含的思想和價值觀。我們必須逐步提高產品的文

化品質，增加產品的文化內涵，強化文化產品的競爭力。為了發展文化產業，我們必須加快文化體制機制創新，啟動文化創造力。而改革和創新文化體制機制，就要打破地域和條塊限制，這樣才能建立運行高效的文化生產和文化消費的市場；也須破除行業之間的界限，這樣才能有效地進行資源整合；還要建立靈活開放的管理體制，鼓勵合作和合理競爭，這樣才能充分激發每個人的首創精神和能動性。

建設社會主義文化強國，發展文化產業，也必須擴大文化消費，培育擴大文化市場，推動文化產業成為國民經濟支柱性產業。一方面，隨著人民群眾生活水平的日益提高，文化消費的比重將越來越大；另一方面，文化消費是一種具有能動性或生產性的消費。文化消費，如閱讀、欣賞藝術等等，不僅能夠提高國民的素質，還可以提高和激發人的創造力。在這個意義上，滿足了人的文化消費，也就再生產著高端的生產力。人們在消費文化產品的同時，也就激發著自己的精神生產活動，消費過程直接就成為精神生產過程。可以說，社會越是發展，也就越需要具有較高文化消費能力的國民。國民的文化消費水平越高，文化生產也就越有活力。

五、文化強國必須有強大的文化傳播能力

我們要努力傳播當代中國文化和價值觀念，即中國特色社會主義文化和社會主義核心價值觀。文化和價值觀需要傳播才有影響力，傳播能力與文化、思想的力量是相輔相成的。我們文化影響力不足，與我們的傳播理念和傳播能力也有密切關係。我們必須加強對中國特色社會主義文化和核心價值觀的提煉和闡釋，拓展對外傳播平臺和表述載體。過去，我們往往長於講自己的道理，而不善於用對方能夠理解的話講道理；我們經常不分對象地講自己習慣的話語，卻不善於用對方可聽懂的

話語去表達；我們動輒就試圖以赤裸裸的觀點去影響別人，卻不善於用動人心扉的故事去打動別人。

加強文化傳播能力，既需要話語體系的改革，也需要語言能力的拓展。在當前，一方面我們應該加強漢語的國際推廣，以便讓越來越多的國際人士能夠以貼近我們思維方式的途徑來理解我們；另一方面還必須拓寬外語傳播中國文化的途徑。這不僅是西方強勢文化佔據的傳播陣地需要我們攻克，而且廣大發展中國家的市場也需要我們去開闢。我們已經是第一大貨物貿易國，但是我們的外語教學卻只能開出六十多種外語。這與美、英、法等國家開出約一百種語言相比有很大差距，甚至與匈牙利羅蘭大學一所大學可以開出六十三種外語相比也有差距。從某種意義上講，中國的外語教育特別是非通用語的教育已經落後於中國改革開放的步伐了。

當然，文化傳播能力主要是議題設置的能力，在這個方面我們也需要改變過去比較單一、單調的毛病。習近平主席在與德國漢學家、孔子學院和學生代表座談會上講：介紹中國，既要介紹某一個特色，也要全面的介紹。既要介紹歷史的中國、古代的中國，也要介紹現代的中國。既要介紹中國，也要介紹中國人，還有介紹中國文化。通過與世界文化的親密對話，我們要不斷豐富中國文化的表達方式，提升中國的話語權和議題設置權，讓國際社會加深對中國發展進程的理解，增強對中國和平發展的認同。

六、文化強國必須有昌明的法治環境作為保障

文化強國需要發展文化生產力，而文化生產力有賴於文化產業的拓展。發展文化生產力和文化產業，必須建立社會主義文化創新的良好外部環境，那就是要營造一個開放、包容、自由、民主的氛圍，這樣才能

激發每個人的創造力。創造這樣的環境必須是在法制框架下進行，即人人互相尊重且共同遵守規則。如果說物質生產和技術創新需要自由競爭和民主氛圍，那麼文化生產更需要自由競爭和民主氛圍，更需要開放、包容的氣氛。文化領域可以說是「器非求舊，惟新。」創新就可能出錯或引出問題，因此需要寬容的環境。只有在法治的環境下，才能實現真正的自由民主的氛圍和良好的文化產業秩序。先進文化及其軟實力的生成有其自身規律，它需要在法律框架下的開放、自由和諧的文化生長空間與環境。

實際上，文化的繁榮發展也需要公正的法治環境。法律必須鼓勵人們參與文化活動特別是文化創造活動。法律可以保護文化生產、文化市場和秩序。這樣的秩序就吸引越來越多的人參與文化創造活動。參與文化創造活動的大腦越多，就越能夠激發文化的創造力；法律必須保障人們參與文化活動和文化創意的權利，這樣人們才能夠最大限度地發揮自己的創造力。諾貝爾經濟學獎獲得者埃德蒙·費爾普斯說過：「普遍來說，如果人們從小就習慣於遵守法律和相互禮讓，社會的發展狀況會更好。」

文化創意是一個自由創造的過程，需要人民大眾的廣泛參與和自主性活動。政府應該盡可能地為文化生產、文化消費和文化市場創造良好的環境，減少行政干預。文化創造需要自由而不是干預。李克強總理指出：「深入推進行政體制改革。進一步簡政放權，這是政府的自我革命。」我對他講的這句話感受頗深。我們過去不斷地做加法，不斷地增加干預，結果卻限制了群眾自身的創造力。今後，改革不僅做加法，也做減法，就是減去那些束縛社會活力的習慣思維和管理辦法。讓權力的本質不僅體現在否定上，要更多地體現在保證經濟、文化、社會的自由創造空間上。當每個中國人的頭腦都無拘無束地進行文化消費與創造的活動時，中國就能夠成為一個名副其實的文化強國。

第三節　提升對外政治傳播的議題設置能力

在經濟全球化時代，提升國家話語權必須注意超越自身的主體性看問題，要學會從他者的角度看問題。實際上，國家話語權就是如何運用交互主體的視角看問題。這就是說，我們必須考慮「文化間性」的概念。在文化交流的過程中，要著重注意表達方式，只有理解他者，才能表述自己。只有將主體性變成交互主體性，才能保證話語表達的有效性。為此，我們要了解世界，特別是要學習、了解西方的學術話語體系，如果對西方學術話語體系、學術背景、學術傳統沒有深切的理解，學術對話是很難展開的。

提升國家話語權要關注國家的文化品牌。國家文化品牌不僅體現了文化的內涵和品格，而且就是這個國家文化軟實力的象徵。文化品牌是一個國家文化特徵的標記，沒有文化品牌，就沒有國家文化的存在感。在文化影響力激烈競爭的背景下，這還不僅僅是國家文化影響力大小的問題，而往往是有無影響力的問題。

中國特色文化品牌應具備哪些內涵？中國特色文化品牌首先要有民族特色，如漢字、長城、儒學等等，一接觸就知道與中國文化存在內在連繫；中國特色文化品牌還要有持久的文化理念，即她的內容與時代步伐總是息息相關，不斷為時代發展注入新的啟迪，這種理念不僅能夠解釋歷史與時代的發展，而且可以引領歷史與時代的發展；中國特色文化品牌亦需要有引人入勝的表達形式，容易引起人們的關注，可以打動人們的心扉。

近幾年來，中國的文化品牌建設有了很大成就：例如，中國傳統文

化和平發展的理念，和而不同的思想已經為許多世界友人所欣賞。再如，中國文字、漢字也通過孔子學院的不懈努力，成為很有軟實力的文化品牌。又如，中國的春節，已經成為世界許多地方願意體驗和歡度的節日。最後，中國夢的概念本身就已經成為一個很好的文化品牌……

為加快中國特色文化品牌的定型，擴大其世界影響，在理論準備和實務操作兩個方面，我們還應重點做好以下的工作。文化品牌有自己的特色，但必須有深沉的人性普遍價值。要讓中國文化品牌能夠反映中國文化的基本特徵、價值和功能，並且能夠獲得世界範圍最廣泛的理解，就必須回到作為文化基礎的生活世界本身才行。這就首先要求，傳播中國文化的品牌和話語應該讓人願意看、願意聽，看得下去、聽得進去，看了能夠喜歡、聽了能理解，理解了能有同情的體悟。我們過去總認為對外傳播是「高大上」的行為，總是以懸在空中的抽象原則作為話語的表達方式，從而讓我們的對外表達話語失去了感性的生命色彩和觸動情感的靈動。怎麼樣才能「心有靈犀一點通」？那是因為有同樣的生活、同樣的情感、同樣的希冀，才能產生心靈的共鳴。由此，我們的文化品牌內涵只有「深深融入人民生活，事業和生活、順境和逆境、夢想和期望、愛和恨、存在和死亡，人類生活的一切方面」，才能引起人們的共鳴，給人們以啟迪。國外某些人在貶低我們的文宣方式時，把我們說成為只會說概念化的套話和原則，儘管他們這樣的說法是別有用心，但是也值得我們反思。我們要從對手的批評中尋找提高自己表達文化和傳播文化的話語能力，探索恰當的表達和傳播途徑，我們不能把感性的生動拱手相讓。我們必須牢記，概念是灰色的，而生活之樹常青。

我們是歷史唯物主義者。按照唯物史觀，人民群眾是歷史的創造者。許多看似風光或驚心動魄的歷史事件，實際上是人類長河中翻騰的浪花。真正的支撐文明進程的，都是那作為人民生活實景的勞作、養育子女的日常生活、閒暇審美活動的愉悅，如此等等。一回到這些問題

中，大家就有了最基礎也最具共性的話語領域。人民的生活既充滿差異的多樣性和創造力，又容易相互同情甚至共鳴地給予理解。話語的生活基礎可以防止話語的模式化或僵化。政治是生活的集中體現，當政治話語反映人民生活的內容時，不同文化之間就更容易相互理解。對外傳播無非是要表達自己的看法，以便與人溝通，讓人理解自己。要讓人理解，就要講別人願意聽、聽得進去、聽得懂的話，那就要想盡辦法找到共同的話題。要學會通過生活和實踐的敘事，學會用人民群眾的語言和人民群眾的親身經歷來講故事，讓中國文化和中國人的夢想，通過鮮活的生活敘事和行動故事顯現其理念的光輝和理想的力量，從而打動世界人民的心扉。

在文化競爭西強中弱的基本形態下，我們要學會用外語和外部的傳播手段傳播我們的文化品牌。即使在純粹的話語形式層面，我們也應該注意話語的交互理解的可能性。與外國人講話，表達我們的利益追求和看法，我們就不能自顧自說自話，就要使用外國人能夠理解的說法或話語。講述中國夢，不僅要講中國話語，而且要講能夠打動世界的中國話語；不僅要學會用中國語言講述中國夢和中國話語，我們還要學會用外國語講述中國夢和中國話語；不僅要用英語、法語、日語、德語等發達國家的語言講述中國夢和中國話語，還要學會用亞非拉各發展中國家的講述中國夢和中國話語。向世界講述中國夢，就需要掌握用外語講中國話語的本事。不是說用外語講就不是中國話語了，用外語講好中國話語，能夠更好地向世界講述中國夢。正像新自由主義的話語翻譯成漢語，仍然是西方話語。用其他語言恰當地講述中國夢，仍然是中國話語。中國已經成為一個全球性角色，而且國家利益也越來越具有全球性質，我們必須學會用各種語言表達我們的話語和利益。

另外，我們可以考慮這樣的路徑推廣我們的文化品牌：正像過去我們在革命時期走農村包圍城市的道路，取得了革命的勝利。實際上，在

西強中弱的情況下，西方的文化已經佔據西方輿論場的統治地位，我們不妨從亞非拉西方傳播相對薄弱的地方入手，從邊緣逐漸走向中心。

第四節　打造人類命運共同體的新理念

和平發展既是中國人民的理性選擇，也是中國人民的鄭重承諾。從構建和諧世界的目標，到人類命運共同體的新理念，都反映了中國走和平發展之路的戰略定力。在此基礎上，和平發展、合作共贏、公平正義、休戚與共，就成為中國處理國際問題和外交事務的核心價值觀。

一、邁向「人類命運共同體」

中國的和平發展是二十世紀末二十一世紀初的國際大事，畢竟中國有占世界五分之一的人口。這樣的和平發展模式，既能夠讓中華民族擺脫貧窮落後的狀態，實現民族的復興，同樣也給整個世界的發展帶來機遇，中國將是一個有著巨大潛力的廣闊市場。隨著中國國際地位的提升，中國的文化傳統，中國人打交道的方式，中國人在國際關係中持有什麼樣的價值觀，也會越來越為世界所關注。

（一）人類命運共同體新理念的提出

在當今世界，中國共產黨「站在時代潮頭，把握歷史方向，提出了一系列新思想和新理念，比如打造對話而不對抗、結伴而不結盟的夥伴關係，進而建立以合作共贏為核心的新型國際關係。然後在此基礎上，又提出了共同構建人類命運共同體。這些新的思想和理念，既摒棄了結盟對抗的舊思維，也超越了零和博弈的老套路，具有鮮明中國特色，又具有重大世界意義，不僅是新時期中國外交的行動指南，也將對人類進

步發展事業產生深遠的影響。」[1]

　　中國走和平發展的道路，主張構建「和諧世界」，是中國人民理性的戰略選擇，這個選擇是以中國文化傳統和社會價值觀取向為基礎的。早在一九八五年，鄧小平同志就提出了「和平與發展」的時代主題。他指出：「現在世界上真正大的問題，帶全球性的戰略問題，一個是和平問題，一個是經濟問題或者是發展問題。」[2]以江澤民同志為總書記的中央領導集體提出了新安全觀、「與鄰為善，以鄰為伴」的周邊外交方針和「睦鄰、安鄰、富鄰」的外交政策，致力於維護世界和平。為了創造和平發展的國際環境，二○○五年四月，胡錦濤同志參加雅加達亞非峰會時提出，「綜觀當今世界，和平、發展、合作已成為時代潮流。經濟全球化趨勢深入發展，科技進步突飛猛進，生產要素流動和產業轉移加快，各國相互依存日益加深。」各國「應推動不同文明友好相處、平等對話、發展繁榮，共同構建一個和諧世界。」[3]二○○五年九月十五日，在聯合國成立六十周年首腦會議舉行第二次全體會議上，時任國家主席的胡錦濤同志發表題為《努力建設持久和平、共同繁榮的和諧世界》的演講，再次重申了「和諧世界」的理念。

　　和平發展既是中國人民的理性選擇，也是中國人民的鄭重承諾。習近平主席在德國科爾伯基金會演講時指出：「中國走和平發展道路，不是權宜之計，更不是外交辭令，而是從歷史、現實、未來的客觀判斷中得出的結論，是思想自信和實踐自覺的有機統一。」這段論述，是對中國走和平發展道路最精闢的論述。既然和平發展不是權宜之計，更不是

1　〈王毅在十二屆全國人大五次會議舉行的記者會上就中國外交政策和對外關係答中國記者問〉，《人民日報》，2017年3月9日。

2　鄧小平：《鄧小平文選》卷3（北京市：人民出版社，1993年），頁105。

3　胡錦濤：〈與時俱進，繼往開來，構築亞非新型戰略夥伴關係──在亞非峰會上的講話〉，《人民日報》，2005年4月23日。

外交辭令，那就必然有著深刻的價值理念的支撐。

黨的十八大報告提出了「要倡導人類命運共同體意識」的命題，這是一個重要的歷史觀、文明觀和價值理念的宣示。這個宣示是基於中華傳統文化，立足中國經濟社會發展，前瞻中華民族偉大復興和人類文明發展的前景提出的。

中國有著悠久的歷史傳統，當代中國是一個自主文明的延續。正因如此，美國前國務卿基辛格認為，「若要了解二十世紀的中國外交或二十一世紀中國的世界角色，必須首先對中國的歷史有一個基本的認識」[4]。實際上，人類命運共同體的意識，同樣是中國歷史思想的創造性轉換與創新性拓展。正如張立文先生指出的，「中華民族自古以來就有『天地與我並生，而萬物與我為一』，『天地之塞，吾其體；天地之帥，吾其性。民吾同胞，物吾與也』以及『天地萬物本吾一體』的思想。簡言之，是一種命運共同體思想。」[5]

如何處理當代錯綜複雜的國際關係，更是人類命運共同體意識的直接動力。人類命運共同體是當代中國共產黨人基於經濟全球化、通信網路化和日益增長的全球生態和安全問題提出的人類利益共存、合作共贏、休戚與共的文明價值觀。

在漫長的文明發展史中，人類曾經長期生活在相互隔絕的狀態下。交通工具的改進特別是新大陸的發現，讓分割狀態下的世界有了相互接觸的可能。當今世界，越來越便利的交通促進了經濟、文化交往，資訊技術的突破性發展進一步把人們的知識傳遞和精神生活納入全球相互影響的網路化狀態中。儘管人類生活在不同社會制度、文化傳統和地理空間中，儘管人們屬於不同的種族，有著不同的膚色、信仰不同的宗教，

4　〔美〕亨利・基辛格：《論中國》（北京市：中信出版集團，2015年），第2版，頁13。

5　張立文：〈王霸之道與和合天下〉，《學術前沿》2016年第10期（下），頁90。

但在經濟發展、生態環境、社會安全等領域卻面臨著共同的課題。在這個星球上，錯綜複雜且日益緊密的連繫構成了「你中有我、我中有你」的局面，形成了一榮俱榮、一損俱損的格局。面對這種局面，「中國方案是：構建人類命運共同體，實現共贏共享。」[6]

（二）人類命運共同體的內涵與實質

繼十八大報告提出「要倡導人類命運共同體意識」，「命運共同體」已經成為習近平主席在眾多外交場合，尤其是在論述中國與發展中國家、周邊國家和新興國家外交關係時，反復強調的中國外交理念，並且結合各種國際合作的內容不斷豐富其思想內涵。習近平同志就任總書記之後首次會見在華外國專家時就表示，國際社會日益成為一個你中有我、我中有你的命運共同體。面對世界經濟的複雜形勢和全球性問題，任何國家都不可能獨善其身、一枝獨秀，這就要求各國同舟共濟、和衷共濟。在二〇一三年九月舉行的G20峰會上，習近平主席用「一榮俱榮、一損俱損」「一花獨放不是春，百花齊放春滿園」來形容國際之間的合作。強調國家間要樹立命運共同體意識，明確表示中國有條件有能力實現經濟持續健康發展，為世界經濟帶來更多正面外溢效應。

二〇一三年十月，習近平主席在周邊外交工作座談會上則強調了「與鄰為善、以鄰為伴」，「睦鄰、安鄰、富鄰」，「親、誠、惠、容」等中國周邊外交的基本方針，提出要加強周邊宣傳工作，讓命運共同體意識在周邊國家落地生根。習近平主席訪問印尼時到印尼國會演講，他談到中國與東盟的合作，並且明確表示中國願同東盟國家加強海上合作，共同建設二十一世紀「海上絲綢之路」，攜手建設「更為緊密的中

6　習近平：〈共同構建人類命運共同體——在聯合國日內瓦總部的演講〉，《人民日報》，2017年1月18日。

國—東盟命運共同體」。習近平主席還先後談到建立中國—阿拉伯、中一非之間的命運共同體問題。在訪問韓國時，習近平主席提出：中韓兩國應該「構建開放融合發展格局，共同打造利益共同體」。參加中國—拉美和加勒比國家領導人會晤時，習近平主席又強調指出：要與拉美和加勒比國家加強合作，「努力構建攜手共進的命運共同體」。

在二○一五年的博鰲論壇上，習近平主席又特別闡明了「邁向人類命運共同體」必須堅持的原則，即必須堅持各國相互尊重、平等相待；必須堅持合作共贏、共同發展；必須堅持實現共同、綜合、合作、可持續的安全；必須堅持不同文明相容並蓄、交流互鑒。

二○一五年九月二十八日，習近平主席在紐約聯合國總部出席第七十屆聯合國大會一般性辯論並發表題為《攜手構建合作共贏新夥伴同心打造人類命運共同體》的重要講話。習近平主席強調，和平、發展、公平、正義、民主、自由，是全人類的共同價值，也是聯合國的崇高目標。當今世界，各國相互依存、休戚與共，我們要繼承和弘揚聯合國憲章宗旨和原則，構建以合作共贏為核心的新型國際關係，打造人類命運共同體。習近平主席還特別闡述了打造人類命運共同體的主要目的：

（1）建立平等相待、互商互諒的夥伴關係。

（2）營造公道正義、共建共享的安全格局。

（3）謀求開放創新、包容互惠的發展前景。

（4）促進和而不同、相容並蓄的文明交流。

（5）構築尊崇自然、綠色發展的生態體系。

中國不僅把人類命運共同體當作口號，而且也切實落實在實際行動中，「一帶一路」建設就是明證。在二○一七年五月十五日召開的「一帶一路」國際合作高峰論壇圓桌峰會的閉幕詞中，習近平主席指出：中國「要勇於擔當，開拓進取，用實實在在的行動，推動『一帶一路』建設國際合作不斷取得新進展，為構建人類命運共同體注入強勁動力。」

顯然，當代中國之所以走和平發展道路，倡導構建和諧世界，就在於中國有著深厚的人類命運共同體的意識和價值追求。這種價值追求的實質就是，各國之間處於一種相互依存、休戚與共的關係之中，只有包容互惠、和衷共濟，才能實現合作共贏、共同發展的目的。中國的價值理念已經得到越來越多國家的認同。更可喜的是，二〇一七年二月十日，聯合國發展委員會以協商一致的方式通過了「非洲發展新夥伴關係的社會層面」的決議，呼籲國際社會「本著合作共贏和構建人類命運共同體的精神」，加強對非洲經濟社會發展的支持。這是聯合國決議首次寫入「構建人類命運共同體」的理念。聯合國高官菲力浦・查沃斯還特別指出：「從長遠看，世界各國和聯合國都會從這一理念中受益。」他說，這一理念不是要人們去急功近利，而是把眼光放得更加長遠。「中國是一個歷史悠久的國家。中國人看問題的角度和眼光比其他許多國家更加長遠。『構建人類命運共同體』的理念是中國人著眼於人類長遠利益的遠見卓識。」[7]另外，最近在聯合國人權理事會舉行的第三十四次會議上，通過了關於「經濟、社會、文化權利」和「糧食權」兩個決議，明確表示要「構建人類命運共同體」。這是中國提出的人類命運共同體重大理念首次載入人權理事會決議，標誌著這一理念成為國際人權話語體系的重要組成部分。總之，聯合國決議寫入「構建人類命運共同體」，體現了中國這一新理念已經得到廣大會員國的普遍認同，也彰顯了中國對全球治理的巨大貢獻。

7　顧震球：〈「構建人類命運共同體」凸顯中國貢獻——專訪聯合國高官菲力浦・查沃斯〉，《參考消息》，2017年2月20日。

二、講信修睦　協和萬邦

（一）中國的國際觀有著深厚的歷史文化根基

當代中國主張構建人類命運共同體，堅持走和平發展道路，是有著深厚根基的歷史文化傳統的延續。《史記》〈五帝本紀〉就有「合和萬國」的理想。可以說，和平與和合是中華文化的內在基因。在古代中國的文明融合進程中，作為主流思想的儒家一直強調「以德服人」，而批評「以力服人」的做法。儒家認為，只有通過講信修睦、協和萬邦，才能做到「保合大和」，從而實現「萬國咸寧」「天下和平」（《易經》）。這就是說，只有做到協和萬邦，才能實現國家之間的和平，達到富國安民的目標。講信修睦、協和萬邦是中國國際觀和外交觀的基本內涵。

中國繁榮昌盛是趨勢所在，但國強必霸不是歷史定律。中國自古就倡導「大道之行也，天下為公」理念，主張「強不執弱，富不侮貧」的規範，深知「國雖大，好戰必亡」的道理。中國沒有對外侵略、殖民的歷史，現在也沒有稱霸世界的意圖。中國堅持走和平發展道路，是我們的戰略選擇和鄭重承諾。

（二）中國的國際觀是中國核心價值觀在國際關係中的體現

中國的國際觀就是在「合和萬國」的歷史傳統基礎上，結合當代和平與發展的時代主題，凝練了「人類命運共同體」的理念，為和平發展的外交政策奠基了堅實的哲學理論基礎。然而，「人類命運共同體」的理念，不僅是中國文化傳統的延續，也是當代中國人民的理想願景。

中國對國際關係的認識和外交實踐中所持立場反映出的價值觀，是中國價值觀在國際關係和外交領域的延伸和具體體現。我們在國內強調

富強、民主、文明、和諧，在國際上也主張合作共贏、共同發展，推動國際關係的民主化。習近平總書記在出席國家安全委員會第一次會議時指出：「貫徹落實總體國家安全觀，必須既重視外部安全，又重視內部安全，對內求發展、求變革、求穩定、建設平安中國，對外求和平、求合作、求共贏、建設和諧世界」。二十一世紀以來，中國不斷推進全面對外開放，推進與世界各國之間的交流互鑒，加強互利合作。中國提出建設絲綢之路經濟帶和二十一世紀海上絲綢之路的戰略，目的就是實現各國在發展機遇上的共創共享。基於中國對外關係中的價值取向，我們可以預期：中國將以更加開放的胸襟、更加包容的心態、更加寬廣的視角，大力開展中外文化交流，在學習互鑒中，為推動人類文明進步做出更多、更大的貢獻。

我們在國內強調自由、平等、公正、法治，在國際上也秉持公道正義，堅持平等相待。主張並且嘗試引領世界上的事情由各國政府和人民共同商量著辦，積極推動國際關係民主化；倡導各國權利、義務、責任相統一的國際法治精神，希望各方遵守國際法和公認的國際關係基本準則，推動國際關係法治化；積極推進全球治理體系改革，反對雙重標準，主張相互尊重、合作共贏，推動國際關係合理化。

我們在國內強調愛國、敬業、誠信、友善，在國際關係中，也願意妥善處理義和利的關係，我們要注重利，更要注重義。「國不以利為利，以義為利也。」我們主張義利兼顧。實際上，經濟全球化時代是一榮俱榮、一損俱損，不能只追求你少我多、損人利己，更不能你輸我贏、一家通吃。中國人希望自己過得好，但也高興別人過得好，還通過力所能及的幫助讓別人過得好。正如習近平主席在二〇一四年APEC北京峰會上強調的：「中國夢是奉獻世界的夢。『窮則獨善其身，達則兼善天下。』這是中華民族始終崇尚的品德和胸懷」。

為了打造人類命運共同體，讓國際合作落地生根。習近平總書記提

出了「一帶一路」倡議構想。「一帶一路」源自中國倡議，但它卻屬於整個世界。「一帶一路」是合作共贏的平臺，它就應該跨越不同的地域、不同的發展階段、不同的文明。「一帶一路」是合作共贏之路，它就應該不斷往前延伸開拓。中國願意把自身發展同周邊國家發展更緊密地結合起來，歡迎周邊國家搭乘中國發展「快車」「便車」，讓大家一起過上好日子。歡迎世界各國參與到「一帶一路」合作中來，攜手實現和平、發展、合作的願景。

顯然，有什麼樣的核心價值觀，就有什麼樣的國際關係價值觀。建立在人類命運共同體理念基礎上的國際觀，為中國的和平發展道路和構建和諧世界的願景，提供了正確的思想引領和價值規範。

（三）中國處理國際關係和外交事務的核心價值觀

中國外交工作的戰略目標，就是服從和服務於實現「兩個一百年」奮鬥目標、實現中華民族偉大復興，全面發展國與國間的友好關係，深化互利合作，維護和用好中國發展的重要戰略機遇期，維護國家主權、安全、發展利益。國際政治是國內政治的延伸。但是，國際事務是主權國家之間的互動關係。這就需要處理不同國家主體之間的協調關係。以什麼樣的價值觀去處理國際關係，必然影響到國家處理國際關係路徑、方式選擇的基本取向。

1. 和平發展

中華民族是愛好和平的民族。有著五千多年歷史的中華文明，始終崇尚和平，和平、和睦、和諧的追求深深植根於中華民族的精神世界之中，深深溶化在中國人民的血脈之中。《中庸》曰：「中者，天下之大本也；和者，天下之達道也。」董仲舒認為，「成於和，生必和也；始於中，止必中也。中者，天地之所始終也；而和者，天地之所生成也。」二〇一四年，習近平主席在訪問印度時指出：「我們都把『和』

視作天下之大道，希望萬國安寧、和諧共處。」

　　和平，就像陽光雨露，有了和平，世界就可以繁榮發展；沒有和平，人類就可能生靈塗炭。正如習近平總書記指出的，「國家和，則世界安；國家鬥，則世界亂。」[8]中國創造了燦爛的古代文明，靠的不是窮兵黷武、以力服人，而是「以德服遠」、以德服人；中國從一個積貧積弱的國家實現了重新振興，靠的不是對外擴張或殖民掠奪，而是靠著人民的勤勞、社會的安定和和平的環境。我們必須堅持實現共同、綜合、合作、可持續的國際安全秩序，維護世界和平。中國處在發展中狀態，我們不稱霸。即使未來我們實現了現代化，我們同樣不追求霸權。窮兵黷武不是中華文化的基因。

　　國與國之間有利益差異，有不同的看法是可以理解的。但如何解決好呢？中國的方案是：和而不同。這是解決衝突、推動合作共贏的最好方式。正如古人所說，「萬物並育而不相害，道並行而不相悖。」我們只有相互尊重，交流互鑒，才能實現和平和共存。才能實現「各美其美，美人之美，美美與共，天下大同。」大國之間只有相互尊重，才能構建不衝突、不對抗的和平發展環境。大國對小國不是以力服人，而是平等對待，就會減少許多衝突。

　　我們不僅要堅持和諧共處的價值理念，而且應該闡釋其普遍的世界意義。在巴黎聯合國教科文組織總部，習近平主席系統闡釋了中國的文明觀：文明是多彩的，人類文明因多樣才有交流互鑒的價值；文明是平等的，人類文明因平等才有交流互鑒的前提；文明是包容的，人類文明因包容才有交流互鑒的動力。我們應該推動不同文明相互尊重、和諧共處，讓文明交流互鑒成為增進各國人民友誼的橋梁、推動人類社會進步

8　習近平：〈共同構建人類命運共同體──在聯合國日內瓦總部的演講〉，《人民日報》，2017年1月18日。

的動力、維護世界和平的紐帶。

2. 合作共贏

儘管人類生活在同一個地球上，卻生活在不同的自然環境中，有著不同的文化傳統。文明多樣性不是我們相處的障礙，而是差異互補的條件，有利於相互借鑑相互激勵，推動文明的進步。如果相互爭奪，必然是雙輸；如果相互包容，通過交流互鑒，必定達成雙贏。

習近平主席在達沃斯世界經濟論壇二〇一七年年會開幕式上的主旨演講中指出：「人類已經成為你中有我、我中有你的命運共同體，利益高度融合，彼此相互依存。每個國家都有發展權利，同時都應該在更加廣闊的層面考慮自身利益，不能以損害其他國家利益為代價。」[9] 我們不能搞以鄰為壑那一套，而應該以「親、誠、惠、容」的真切態度，推動世界經濟邁向包容普惠的新時代。

歷史經驗證明，只有包容性發展，自己也能夠發展；排他性的發展是沒有出路的。中國這樣說，也這樣做。習近平主席在「一帶一路」國際合作高峰論壇圓桌峰會上的開幕詞中給出了中國方案：「只有對接各國彼此政策，在全球更大範圍整合經濟要素和發展資源，才能形成合力，促進世界和平安寧和共同發展。」中國發起成立絲路基金、金磚國家銀行、亞投行等等，都是用自己的努力為國際合作提供平臺，以開放的心胸創造國際合作的機遇，促進世界的繁榮發展。例如，「一帶一路」源自中國，但屬於整個世界。「一帶一路」是中國提供的一個倡議，但它完全能夠通過行動轉化為豐盛的實際成果。只要大家明確了互聯互通、合作共贏的大目標，加強政策協調，對接各自發展戰略，堅持共商、共建、共享，讓政策溝通、設施聯通、貿易暢通、資金融通、民心

9　習近平：〈共擔時代責任共促全球發展——世界經濟論壇2017年年會開幕式上的主旨演講〉，《人民日報》，2017年1月18日。

相通，依託項目驅動和市場機制，必定推動各國的發展和繁榮，造福沿線國家和世界各國人民。

3. 公平正義

古人認為，「法者，天下之準繩也。」主權平等、互相尊重主權和領土完整、互不侵犯、互不干涉內政、平等互利。重塑公正合理的世界治理模式，反對搞雙重標準。在和平共處五項原則發表六十周年紀念大會上講：不能一個國家安全而其他國家不安全，一部分國家安全而另一部分國家不安全，更不能犧牲別國安全謀求自身所謂絕對安全。

我們積極推動國際關係民主化，主張世界上的事情由各國政府和人民共同商量辦；我們積極推動國家關係法治化，主張各國權利、義務、責任相統一的國際法治精神，希望各方遵守國際法和公認的國際關係基本準則；我們積極推動國際關係合理化，推進全球治理體系改革，主張義利兼顧。我們認為，經濟全球化時代是一榮俱榮、一損俱損，不能只追求你少我多、損人利己，更不能你輸我贏、一家通吃。在國際關係中，我們要注重利，更要注重義。要妥善處理義和利的關係：秉持公道正義，堅持平等相待。既要讓自己過得好，也要讓別人過得好。「國不以利為利，以義為利也。」

4. 休戚與共

建立公平正義、可持續的國際秩序，就需要共同、合理的國際擔當。基於人類命運共同體的意識，中國在謀求自己的發展與繁榮的時候，也願意看到其他國家及整個世界的發展與繁榮；中國在謀求自身的國家安全時，也希望其他國家及其全球的共同安全。隨著中國的發展，中國願意越來越多地提供有利於全球發展與繁榮的公共產品，承擔越來越多的國際責任。正如習近平主席在「一帶一路」國際合作高峰論壇圓桌峰會上的閉幕詞中指出的，中國倡導「一帶一路」國際合作，就是為了「讓各國政策溝通更有力，設施聯通更高效，貿易更暢通，資金更融

通，民心更相通。」

　　在這個連繫日益緊密的地球村裡，大家都是同一條船裡的乘客。只有抱著同舟共濟的意識，才能做到天下太平。如果試圖以自己的絕對安全犧牲別人的安全，到頭來只能是「城門失火，殃及池魚」。在中國人看來，四海之內皆兄弟，天下一家。我們只有和衷共濟，相互協作，才能構建一個繁榮和平的和諧世界。面對動盪不安、戰亂衝突頻生的地區和國際形勢，中國始終堅持走和平發展道路。面對質疑現有的國際秩序和國際體系的言行，中國始終主張在維護中加以改革完善。面對「逆全球化」和保護主義思潮抬頭，中國始終高舉多邊主義和開放包容的旗幟。「中國外交的這種穩定性和確定性是大國應有的擔當，不僅對沖了各種不確定性，也充分展示了中國的定力和自信。」

　　總之，在國際交往中，中國致力於做符合歷史發展趨勢的事，做符合時代潮流的事。「中國，將繼續做國際形勢的穩定錨，世界增長的發動機，和平發展的正能量，全球治理的新動力。」同時，我們也應該努力傳播基於新理念、新思想、新戰略的價值觀念，提高國家文化軟實力。當代中國價值觀念，就是中國特色社會主義價值觀念，代表了中國先進文化的前進方向。中國成功走出了一條中國特色社會主義道路，實踐證明我們的道路、理論體系、制度是成功的。要加強提煉和闡釋，拓展對外傳播平臺和載體，把當代中國價值觀念貫穿於國際交流和傳播方方面面。我們要尊重國際間的差異性，善於向他國學習，要以理服人，以文服人，以德服人，提高對外文化交流水平，完善人文交流機制。在國際傳播中，我們應該塑造中國歷史底蘊深厚、各民族多元一體、文化多樣和諧的文明大國形象；政治清明、經濟發展、文化繁榮、社會穩定、人民團結、山河秀美的東方大國形象；堅持和平發展、促進合作共贏、維護國際公平正義、為人類做出貢獻的負責任大國形象，對外更加開放、更加具有親和力、充滿希望、充滿活力的社會主義大國形象。

第五節　進一步拓展公共外交的空間

　　二十一世紀，全球化、資訊化進程不斷加深和擴大，資本、技術、人才、藝術、資訊等要素活動空間不斷得到解放，世界各個國家和地區之間的人民交流關係變得更加密切，中國外交工作的主體、對象及手段日趨多元，領域日益拓寬，內涵不斷豐富。這既是機遇，也是挑戰。中國過去的發展伴隨了全球化的進程，中國未來的發展也與這一進程息息相關。在全球化的大背景下，如何提升中國的軟實力，將理性、自信、包容、合作、負責、和平、發展的中國形象傳遞給世界，成為我們必須思考的問題。近年來，隨著國際文化交流、大眾媒體和新媒體的不斷發展，普通民眾主體性的不斷凸顯，作為一種新的外交形態，公共外交的觀念也開始更加深入人心，公共外交的活動和研究也呈現出勃勃生機。這在本質上反映了世界人民對於和平發展、對於各個民族國家間的友好交流，以及對於人與人之間的相互理解、相互信任的渴望和追求。

　　要談公共外交，首先要理解「公共」。所謂「公共」（public）是近代社會的產物，它與封建社會帝王將相們的密室活動相反，公共的性質就在於公民之間開放的討論和話題。外交屬於主權國家之間的聯絡、交流、妥協和談判過程。因此，公共外交是不同國籍的公民之間的活動，如果只是一個國家內部公民之間的交往，那是國民交往。國民的公共交往在一個國家的公共領域之內，而公共外交則在更廣泛的國際間的公共領域之內。所以，公共外交是不同國家的人民之間進行的交往、溝通和相互理解的活動。公民活動在公共領域內展開，公共外交也是在公共領域展開的，只不過這個公共領域是國際間的。如果說一個國家內部的公

共領域是整個國家版圖內公民活動的空間，那麼公共外交的舞臺則是整個世界！

「公共領域」（public sphere）一詞的出現，與現代社會的組織方式發生轉變有關。如果說漢娜・阿倫特在二十世紀五〇年代提出了這一概念，那麼我們可以認為在現實歷史中的公共領域恐怕早在這之前就已經形成、發展了。對問題的研究往往是在現實問題得到比較充分暴露的情況下才能展開，因此，只有當相對於私人領域的公共空間真正成為現實的情況下，人們才能從學理層面加以梳理。如果說「公共領域」的熱潮一九八九年才來到的話，那麼真實的原因恐怕是「冷戰」的結束使被意識形態對立遮蔽的這個問題顯現出來。人們對德國著名哲學家哈貝馬斯的著作《公共領域的結構轉型》的閱讀，只能是伴隨社會歷史轉折的話語現象或表面原因。公民意識的提升和公民社會的形成與發展是公共領域的真實基礎。如果說一個國家內部公民有平等、自由的話語權才能有真正的公共領域，那麼不同國家公民之間的平等對話才能算得上是公共外交的範疇。

儘管公共外交活動早就有所拓展，如中日建交之前的民間往來，中美之間的「乒乓球外交」，都可以納入公共外交的範疇。但是，在冷戰背景下，意識形態的隔絕、民間國際往來機會的缺乏和資訊交流的不暢通，公共外交還不可能成為一種「現象」。公共外交的凸顯是冷戰之後經濟全球化過程的產物之一，是美蘇兩個超級大國控制秩序轟然崩潰之後的結果。經濟全球化帶動了人員的全球流動，資訊技術的革命促進了不同國家之間人民的相互交流和對話，這種情境為不同國家的公民之間進行平等交往和對話創造了空間，也提供了話題。

公共外交是一種外交。而「外交政策的主要組成部分是不同國家的人與人之間的交流，而這些交流的成功與否很大程度地決定著外交政策

的成敗。」[10]公共外交作為一種現象，既有以往外交範疇所具備的國際交往、相互理解和利益妥協的內容，也具備某些新的功能。

首先，公共外交拓展了外交的主體。以往外交往往是政治家的對外交往活動，而公共外交使這個交往進程拓展到不同國家的公民之間。這就有利於建立不同國家公民之間的相互理解，增加不同國民之間的相互尊重，而且在交往過程中不同國家的國民都有一個視野融合而擴展視野的可能性。國民性和世界視野的結合所形成的新思維，有利於國際間問題的思考和解決。

其次，公共外交拓展了外交的領域和深度，使政治交往向經濟生活交往、文化交往延展。外交行為建立在廣大國民之間相互理解和尊重的基礎上才可能獲得更加堅實的成果。因此，「民間組織甚至普通百姓作為『中國故事』的講述者無疑更加具有說服力甚至公信力」。[11]另外，人類往往按照自己的文化範式作為優劣標準去評價其他文化，這就會產生誤解甚至衝突。只有通過交往才能消除誤解，增進理解。按照亞歷山大・文特（Alexander Wendt）的說法，即「人類在共同體中的交往意味著，重複的互動能使互相依賴的結局改變成有效用的互相依賴。」[12]公共外交就為外交奠定了更廣泛而深厚的生活和文化基礎，有利於建立相互理解和相互尊重的關係，形成「各美其美，美人之美，美美與共，天下大同」的和諧世界新文化範式。

最後，公共外交也擴展了外交的途徑和方法。儘管公共領域的外交

---

10 〔德〕馬勒茨克著，潘亞玲譯：《跨文化交流》（北京市：北京大學出版社，2001年），頁1。

11 北京外國語大學公共外交研究中心：《中國公共外交研究報告（2011/ 2012）》（北京市：時事出版社，2012年），頁213。

12 〔美〕亞歷山大・文特：《國際政治中認同和結構變化》，載約瑟夫・拉彼德、 弗裡德里希・克拉托赫維爾主編，金燁譯：《文化和認同：國際關係回歸理論》（杭州市：浙江人民出版社，2003年），頁84。

使原本密室可以談的事情變得有些尷尬，政治家們因此懼怕公眾輿論而首畏尾，使外交妥協失去靈活性。但是，有的時候，公共外交也可以打破了僵硬的政治運轉機制，創造了許多微妙的交流對話機會，從而為國際之間的外交活動創造氣氛，打破許多僵局。例如，最近美國籃球運動員羅德曼訪問朝鮮，就使原本難以接觸的關係成為可以進行的進程。

在經濟全球化、資源匱乏、環境惡化和安全問題日益凸顯的情況下，公共外交可以扮演越來越重要的角色。黨的十八大報告在原來「同舟共濟」「權責共擔」的理念基礎上，進一步提出「增進人類共同利益」，倡導「人類命運共同體意識」，這就給公共外交的發展提出了新的使命。這就要求我們不僅自己團結起來，實現中華民族的偉大復興，而且我們還要承擔國際責任。在這個過程中，我們需要包容他者、理解他者、尊重他者，通過互動共同為對方承擔起責任。共同的命運需要我們同舟共濟，這就要求全人類都能夠認識到在「風險共同體」（Risikogemeinschaft）[13]背景下必須相互尊重、相互理解，攜手共克時艱，而達成這一點就需要擴大公共外交。

顯然，公共外交的價值和意義值得大家期待。中國經濟穩定發展、國際影響力不斷提升，公共外交也不斷發展。中國高舉和平、發展、合作、共贏的旗幟，在外交思想領域勇於探索，積極創新，先後提出了構建和諧世界、始終不渝走和平發展道路、外交以民為本等重要思想。公共外交「尊重人民、依靠人民」的特色，也成為中國「以民為本」的外交傳統的重要延伸。而黨的十八大報告中也第一次明確提出「中國將紮實推進公共和人文外交」，公共外交的發展要使中國「在政治上更有影響力、經濟上更有競爭力、形象上更有親和力、道義上更有感召力」，

---

13 〔德〕哈貝馬斯著，曹衛東譯：《包容他者》（上海市：上海人民出版社，2002年），頁1。

中國公共外交迎來新的歷史機遇，肩負新的時代使命，步入新的發展階段。

第六節　凝練構建亞洲價值觀

　　亞洲首先是一個地理概念，同時也是一個文化概念。但這種文化概念往往是相對於其他文化而言的，如歐洲文化、非洲文化、北美文化、拉美文化，如此等等。實際上，正像歐美文化是一個複數文化的集合體，亞洲文化也不是單一的文化，而是複數的。在亞洲歷史演進的時空體系之中，人類因為應對不同的自然環境的挑戰而形成了不同的生產方式和生活樣式，在這種生產方式和生活樣式基礎上，經過歷史的積累和沉澱就形成不同的文化。例如，在沖積平原往往就形成農耕文化，在高原地帶往往就形成遊牧文化，濱海或湖泊地區就容易出現與捕魚相關的文化……

　　大體上，亞洲可以分為三個大的文化圈。一是漢字—佛教文化圈，大致包括中國、韓國、日本和東南亞部分國家；二是印度文化圈，其影響大致在南亞和東南亞部分國家；三是西亞伊斯蘭文化圈，除此之外還有中亞文化，儘管有其自身特點，但更多地受其他文化的影響，如靠近西亞的就接受了伊斯蘭文化，而靠近東亞的則接受了佛教文化。即使在同一個文化圈——如漢字—佛教文化圈中，也有複雜的差異，如中國文化與日本文化就有很多差異。顯然，在這樣一個文化複數的形態上談亞洲價值觀是非常困難的。我們很難在如此複雜的多樣文化中抽象出一個大家都能夠認可或接受的文化符號，來標識所有亞洲國家和民族都認同的基本的價值取向。但是，我們可以借助亞洲文化歷史上的交流互鑒的交疊共識，基於當前亞洲各國人民追求社會發展與生活幸福的趨勢，構建引領亞洲文明進一步昇華的共同價值觀。筆者的觀點是，亞洲各國人民肯定有「交疊共識」（overlapping consensus）或「家族類似」（family resemblances）形態的共同價值觀，但是只是其表達形式和概念符號很難取得一致，但是我們可以基於這些共識構建引領社會發展、文明進步的共同價值觀。

實際上，西方所謂自由、民主、人權的價值觀也不是古代歐洲普遍的共識，而是隨著資本主義生產方式和現代化進程而被逐漸構建的。另外一個事實是，「亞洲價值觀」連同亞洲概念本身早已經被構建了，只是我們一直不是自覺自主的構建者，而是被他者所構建。歐洲把亞洲或西方把東方作為參照來構建自己的價值觀時，順便構建了亞洲的價值觀和形象。借用愛德華・薩義德的話說，亞洲「是歐洲文化的競爭者，是歐洲最深奧、最常出現的他者（the Other）形象之一。」此外，作為東方的亞洲，「有助於歐洲（或西方）將自己界定為與東方相對照的形象、觀念、人性和經驗。」[14]當歐洲開始從中世紀走出來時，它不僅將自己的理性啟蒙與過去對立起來，而且也順便把理性啟蒙與仍然未發展的亞洲對立起來，而且把亞洲的階段性特徵固化為地域性、民族性特徵。歐洲忘記了自己粗俗的「黑暗」過去，以自己文化的階段性興起作為自己價值觀優越的根據，把亞洲處在階段性衰落作為價值觀低劣的依據。從此，在歐美學術界和文獻之中就出現這樣的對照：歐洲是科學的，亞洲是不科學的；歐洲是理性的，亞洲則是不理性的；歐洲是自由的，亞洲是專制的；歐洲是先進的，亞洲是落後的；甚至歐洲是正常的，亞洲則是匪夷所思的，如此等等，不一而足。歐洲或西方人從這種價值觀對照之中，不僅獲得了優越感，而且還把歷史性的價值特徵扣在了作為絕對「他者」的亞洲身上，這種話語方式又作為文化的力量打擊和壓制著亞洲人的自信心。西方人的這種構建顯然是不符合人類文明發

14　〔美〕薩義德：《東方學》（上海市：生活・讀書・新知三聯書店，2007年），第2版，頁2。

展的規律的。想像一下，如果巴比倫文明鼎盛時期，或者埃及的法老，或者古代中國周朝的周公，對照當時非常蒙昧狀態的歐洲人來進行文化上的構建，結果會是什麼樣子呢？

對於漫長的人類歷史而言，歐洲崛起的幾百年，僅僅是歷史的瞬間，但歐洲人忘記了自己的過去，也忘記了他們從東方的文化中獲得的前提性資源。很有歷史感的黑格爾，在文化演進的歷史哲學表達中就變得一點沒有歷史感了。他說，人類文明就像太陽一樣從東方升起，逐漸經過波斯、埃及等進入歐洲，最後在日爾曼文化中達到鼎盛，但是來到此地——黑格爾生於斯長於斯的地方——文明的太陽就要永遠普照在普魯士王國的大地上了。這顯然是西方人把自己的價值觀作為普世價值觀的黑格爾式的表達。

好在歷史的興衰實際進程並不是以某些歐洲人的意志為轉移的。歐洲人通過血與火的殖民統治，擴張著自己的勢力範圍，但同時也耗散著自己的文化力量，腐蝕著自己自由、個性價值觀的道德品質。先是美洲殖民地人民的獨立，後是某些東方民族按照西方的樣子追求自己的利益，這其中有日本軍國主義對西方殖民侵略的直接學習，但更多是殖民地半殖民地人民的獨立與解放。最後才是亞洲人按照自己的價值觀和生活邏輯的重新崛起，四小龍的快速發展，東盟的聚合與發展，最激動人心的還是作為文明古國和占世界五分之一人口的大國——中國——的崛起，當然近來世界也看到同樣是文明古國的印度加快了復興的步伐。

筆者認為，在當下條件下，馬上尋找或抽象出某種得到亞洲各國完全一致同意的亞洲價值觀，也許是非常困難的，但是構建一種引領亞洲發展的共同價值觀卻是有可能的。當然，這種構建不是憑空而來的，其構建本身又是有歷史傳統的根基、有類似的發展經歷。首先，這種構建有歷史上文化交流的共同經驗。由於地緣關係，亞洲各文明體之間的交流互鑒是非常頻繁的，如絲綢之路、日本遣唐使、佛教的傳播、鄭和的

遠洋等等，交流必然增進交疊共識的共識度。其次，亞洲各國幾乎都有被侵略被殖民的遭遇，這種苦難的經歷也成為一種共同的或感同身受的體驗，構成共同的文化經歷和價值體驗。最後，當下亞洲新興市場經濟體和奮起直追的發展的經驗，也構成了共同的發展經驗和近似的文化體驗。另外，歐美的相對衰落——二〇〇八年的金融危機、歐元危機以及英國的脫歐公投等等都是徵兆——也給亞洲人民重拾文化自信心提供了契機。再加上亞洲社會的迅猛發展，亞洲人民普遍意識到自己的力量。正如秘魯前總統阿蘭・加西亞・佩雷斯說：人們意識到，「西方不是『世界的全部』，也不是『世界未來』理所當然的範式。」[15]隨著亞洲的崛起，亞洲人的自信心也隨之覺醒了。亞洲也不再滿足於被別人構建，而越來越趨向自我自主的構建。不僅中國一直強調走獨立自主的發展道路，而且成功地走出一條中國特色社會主義道路，而且李光耀等人也明確提出亞洲價值觀的命題。亞洲人民開始相信，每個國家和區域，都可以根據不同時空體系下的社會發展進程及其文化傳統的生成與積澱，提供自己的發展方案。按照習近平主席的說法就是，亞洲人民自己可以為「人類對更好制度的探索」，提供亞洲方案。

應該構建什麼樣的亞洲價值觀呢？筆者只是嘗試性地提出某種設想，求教於各位專家。就為當下的認識，筆者認為作為有類似歷史經驗和共同發展體驗以及作為構建目標的亞洲價值觀，可以有以下幾個方面的內容。

一是社會秩序的優先性。人類的歷史都證明，壞的秩序也比沒有秩序好，甚至不好的政府也比無政府好，這就是霍布斯《利維坦》一書的結論，如果沒有秩序就會陷入人人自危的普遍戰爭狀態。現在西方人為

---

15 〔秘魯〕阿蘭・加西亞・佩雷斯著，沈慶譯：《儒學與全球化》（北京市：人民出版社，2014年），頁6。

了自己利益、根據自己的理解，經常指責亞洲缺乏充分的自由，但實際上許多亞洲國家是缺乏必要的合理的秩序。更可怕的是，也許本來有秩序，卻在西方國家的干涉下反而失去了秩序，陷入了更大的困境。阿富汗、伊拉克、敘利亞等國的情況就是如此。沒有了秩序，別說自由，連基本的民生甚至生命安全都會成為問題。歐美干預了伊拉克、敘利亞，並沒有使其狀態向好的方向發展，反而引出更多的混亂，人民處在顛沛流離、生靈塗炭、朝不保夕的境地。李光耀在《觀天下》的序中明確說：「就新加坡而言，我們的成功故事取決於三大特性：確保這是個讓人們生活與工作的最安全國家，平等對待每一個公民，以及確保每一代新加坡人能持續成功。」[16]李光耀堅持符合新加坡歷史發展階段和文化傳統的基本價值觀，維護了社會的安定和諧，把一個城市國家變成世界上最富裕的經濟體之一。中國的發展和新加坡的經驗告訴我們，沒有社會秩序，就沒有個人的自由，就沒有人民的安定富裕生活。只有在秩序的基礎上，人們才能追求更多的自由權利、民主參與和民生福祉。

二是整體利益的優先性。西方自由主義的意識形態，特別強調個人自由權利的至上性。這在反對封建主義等級制，鼓勵個人首創精神的發揮和自主性方面的確有積極的作用。但在更大的歷史進程中，當從更廣的視角考慮人民的根本利益的時候，單純地局限於偏狹的個人利益是有局限性的。對於促進一個經濟體擺脫不發展的依附狀態，應該把全社會的利益放在更重要的位置上思考。例如，新加坡官方版本的價值觀是「國家至上，社會為先；家庭為根，社會為本；社會關懷，尊重個人；協商共識，避免衝突；種族寬容，宗教和諧」，其中就可以看到其整體優先於部分的價值取向。中國社會實際上也一直強調集體利益高於個人

---

16 〔新加坡〕李光耀：《觀天下》（新加坡：海峽時報出版社，2014年），序。

利益。亞洲的崛起與這種價值取向肯定也有內在的關聯。我們應當倡導社會整體利益優先於個人權利的生活價值觀。強調整體利益不是不要個人權利，而是從所有人的根本利益出發，不能忘記社會的整體利益。每個人要跳出自己有限的利益視角，才能思考更加廣闊和長遠的目標。

三是社會和諧的優先性。中國人一直主張「和」「合」。早在《尚書》中就有這樣的說法：「克明俊德，以親九族。九族既睦，平章百姓。」《左傳》也記載：作為霸主晉侯「八年之中，九合諸侯。如樂之和，無所不諧。」可見，在中國人的日常生活語言中，經常聽到「和為貴」「和氣生財」「家和萬事興」，等等；在政治話語中，我們也常常說「將相和」「和衷共濟」「政通人和」，等等。另外，亞洲各國都比較重視和諧，如日本甚至自稱「大和民族」，這不僅是一個名稱，也是一種價值追求。新加坡所倡導的價值觀中，也非常突出和諧共生的意義，如「協商共識，避免衝突；種族寬容，宗教和諧」的價值觀，都是推崇協和共生的理念。當然，亞洲也有利益衝突，也有矛盾和爭端，但在如何解決矛盾與衝突時，亞洲人似乎更青睞和諧優先於衝突的社會價值觀。就此，祕魯前總統佩雷斯指出：「希臘思維引向矛盾性，中國思維引向一致性。」[17]作為其他文化的人，佩雷斯對亞洲的思考顯然具有對照的意義。

四是和平解決國際衝突的優先性，也就是協和萬邦的國際價值觀。與注重和諧的價值觀相一致，在協調國際關係的過程之中，亞洲也更加重視和諧的力量。一九五四年五月，新中國成立不久，周恩來在訪問印度和緬甸時，就分別與印度、緬甸兩國總理會談，共同倡導互相尊重領土主權，互不侵犯，互不干涉內政，平等互惠和和平共處五項原則，隨後為一九五五年四月召開的亞非萬隆會議所接受，並希望各國將五項原

---

17 〔秘魯〕阿蘭・加西亞・佩雷斯著，沈慶譯：《儒學與全球化》（北京市：人民出版社，2014年），頁57。

則作為處理國家關係的準則。可以說，萬隆會議精神就是亞洲價值觀的明確宣示。就協和萬邦的價值觀而言，處理國際關係應該遵循和而不同、和平共處的原則。在現實世界中，由於每個民族、每個國家都生存在不同的時空系統之中，這就有著不同的利益和認識，矛盾是普遍存在的。如何解決不同民族國家之間的矛盾呢？是「仇必和而解」即仇通過、對話協商、妥協加以化解，還是通過消滅對方的方式加以解決，這是有明顯不同的價值取向的。在某種意義上，西方國家往往採取仇必仇到底的方式，把自己的價值視為絕對的、普世的，把其他文化傳統視為異端，力圖以徹底消滅對方而後快；而中國和亞洲的和諧價值觀更強調仇必和而解，通過對話、協商、妥協達成共享共贏的狀態，實現「美美與共」的境界。

總之，亞洲的崛起必然伴隨著亞洲新價值觀的崛起，即使過去我們沒有相同表達的價值觀，但我們卻可以構建面向未來發展的亞洲價值觀。

第七節　以互聯互通促進合作共贏

　　二〇一七年五月十五日，北京成為全球關注的焦點，在此召開的「一帶一路」國際合作高峰論壇取得了圓滿成功。如此眾多國家領導人和國際組織負責人聚集一堂，共襄一帶一路沿線國家和地區乃至世界合作發展的盛舉，本身就確證了峰會的時代性價值和歷史性意義。

　　「一帶一路」倡議體現了中國的大國責任和時代擔當，回應了當今世界全球性問題和挑戰。和平與發展仍然是當今時代的主題，但是和平與發展都面臨新的挑戰。就發展而言，經濟全球化的趨勢遭遇逆全球化的暗流，而這種暗流進一步激化各國之間的利益衝突。如何化解這些挑戰？習近平主席給出了中國方案：「只有對接各國彼此政策，在全球更大範圍整合經濟要素和發展資源，才能形成合力，促進世界和平安寧和共同發展。」

　　「一帶一路」建設根植於歷史，但它卻是面向未來的發展之路。古絲綢之路是先輩們踏平坎坷走出來的，在經濟全球化的今天我們應該將這個路開拓得更加寬廣、更加順暢。我們從歷史走來，就應該攜手走向未來。美國前國務卿基辛格認為，「若要了解二十世紀的中國外交或二十一世紀中國的世界角色，必須首先對中國的歷史有一個基本的認識」。中國有著悠久的歷史傳統，歷來就崇尚「天地萬物本吾一體」「天下一家」的理念，倡導「和而不同」「以誠相待」的相處原則，踐行「講信修睦」「協和萬邦」的道德理想。可見，當今中國走和平發展、合作共贏、共同發展的道路，既是中國人民的理性選擇，也是中華民族歷史傳統的延續。從構建和諧世界的目標，到人類命運共同體的新理念，再到「一帶一路」的倡議，都反映了中國走共同發展道路的戰略定力。

「一帶一路」源自中國倡議，但它卻屬於整個世界。「一帶一路」是合作共贏的平臺，它就應該跨越不同的地域、不同的發展階段、不同的文明。「一帶一路」是合作共贏之路，它就應該不斷往前延伸開拓。中國願意把自身發展同周邊國家發展更緊密地結合起來，歡迎周邊國家搭乘中國發展「快車」「便車」，讓大家一起過上好日子。歡迎世界各國參與到「一帶一路」合作中來，攜手實現和平、發展、合作的願景。

　　「一帶一路」是一個美好的願景，但它完全能夠通過行動轉化為豐盛的實際成果。只要大家明確了互聯互通、合作共贏的大目標，加強政策協調，對接各自發展戰略，堅持共商、共建、共享，讓政策溝通、設施聯通、貿易暢通、資金融通、民心相通，依託項目驅動和市場機制，必定推動各國的發展和繁榮，造福沿線國家和世界各國人民。

　　現實從歷史走來，我們也要把現時代推向未來。我們依稀可以聽到古絲綢之路商隊的駝鈴聲，但更期待看到飛馳的列車和大洋中的巨輪把我們帶往和平、繁榮、開放、創新、文明的未來之路。

第八節　從理論和話語層面總結概括「新時代中國特色社會主義」

真正的改革是問題導向的，也是問題倒逼的進程。改革本身不是目的，改革都是為了解決社會發展進程中存在的突出矛盾和問題；如果為改革而改革，就容易成為沒有目標的瞎折騰。社會存在矛盾和問題是必然的，我們必須正視矛盾和問題。矛盾既可能因無法化解而造成社會的失序，但也可能因解決矛盾的努力而成為推動社會發展的動力。化解矛盾、解決問題就是推動社會發展進步的過程。只有不斷地進行改革，才能推動社會的發展和進步。中國共產黨人從來都不回避矛盾和問題，而是積極地對待矛盾，把矛盾看作是工作的動力，把矛盾轉化為推動社會發展進步的契機。

習近平總書記在十九大報告中指出：全面深化改革取得重大突破。蹄疾步穩推進全面深化改革，堅決破除各方面體制機制弊端。改革全面發力、多點突破、縱深推進，著力增強改革系統性、整體性、協同性，壓茬拓展改革廣度和深度，推出一千五百多項改革舉措，重要領域和關鍵環節改革取得突破性進展，主要領域改革主體框架基本確立。中國特色社會主義制度更加完善，國家治理體系和治理能力現代化水平明顯提高，全社會發展活力和創新活力明顯增強。

首先，改革是通過解決矛盾從而解放生產力、推動社會發展的主要手段。從這個意義說，我們砥礪奮進的五年在各方面取得的成績，都是全面深化改革的結果。沒有改革的深入，我們就不可能在全球經濟低迷、世界貿易停滯以及各種風險纏繞的情況下取得這麼好的發展成就。譬如，正是由於供給側結構性改革的深入推進，經濟結構得到不斷優

化，經濟建設才取得了令世人羨慕的重大成就。也正是由於政治體制和機制改革，才促進民主法治建設邁出重大步伐。我們積極發展社會主義民主政治，推進全面依法治國，本身就有賴於政治體制機制的改革。例如，國家監察體制改革試點取得實效，行政體制改革、司法體制改革、權力運行制約和監督體系建設的有效實施，就更加充分地保障了人民群眾的民主參與、民主管理、民主監督權利的實施。另外，正是文化體制改革的深入，公共文化服務水平才得到不斷提高，文藝創作得以持續繁榮，文化事業和文化產業呈現出蓬勃發展的局面。同樣地，正是由於《關於深化人才發展體制機制改革的意見》《關於深化教育體制機制改革的意見》《深化醫藥衛生體制改革2016年重點工作任務》《國務院關於深入推進新型城鎮化建設的若干意見》等一系列有關改革文件的出臺，才使得一大批惠民舉措落地實施，人民生活得到了不斷改善，人民獲得感顯著增強。也正是國防和軍隊改革取得歷史性突破，才形成軍委管總、戰區主戰、軍種主建新格局，人民軍隊組織架構和力量體系實現了革命性重塑，在中國特色強軍之路上邁出堅定步伐，開創了強軍興軍新局面。也正是黨的建設制度改革深入推進，黨內法規制度體系不斷完善，才進一步全面加強了黨的領導和黨的建設，改變了管黨治黨寬鬆軟狀況，全面從嚴治黨成效卓著並且獲得人民群眾的喝彩和擁護。

總而言之，正如習近平總書記在十九大報告中所說的，「五年來的成就是全方位的、開創性的，五年來的變革是深層次的、根本性的。五年來，我們黨以巨大的政治勇氣和強烈的責任擔當，提出一系列新理念新思想新戰略，出臺一系列重大方針政策，推出一系列重大舉措，推進一系列重大工作，解決了許多長期想解決而沒有解決的難題，辦成了許多過去想辦而沒有辦成的大事，推動黨和國家事業發生歷史性變革。這些歷史性變革，對黨和國家事業發展具有重大而深遠的影響。」

其次，社會主要矛盾的性質決定了改革的方向和方式。社會主要矛

盾的改變，也就意味著改革進程歷史階段的躍升。過去很長一段時間內，中國社會的主要矛盾表述為「人民日益增長的物質文化需要同落後的社會生產之間的矛盾」。中國的社會生產力水平總體上有了顯著提升，現在更加突出的矛盾是城鄉、區域、收入分配等存在的不平衡、不充分等問題，這已經成為滿足人民群眾日益增長的美好生活需要的主要制約因素。之所以說中國特色社會主義進入新時代，主要的客觀根據就是中國社會主要矛盾已經轉化為人民日益增長的美好生活需要和不平衡不充分的發展之間的矛盾。如果說鄧小平同志開創的中國特色社會主義理論體系是為了解決「人民日益增長的物質文化需要同落後的社會生產之間的矛盾」，那麼「新時代中國特色社會主義思想」就是為了解決「人民日益增長的美好生活需要和不平衡不充分的發展之間的矛盾」。馬克思列寧主義、毛澤東思想、中國特色社會主義理論體系仍然是我們的指導思想，但「新時代中國特色社會主義思想」則是在新時代對中國特色社會主義理論體系的繼承與發展，是更加直接的指導思想。「新時代中國特色社會主義思想」是二十一世紀中國化的馬克思主義，是馬克思主義中國化的最新理論成果，是中國特色社會主義理論體系的最新形態。

改革是為了解決矛盾，矛盾是普遍的，改革也永遠在路上。一方面，我們必須意識到，過去改革發展的成果並不是矛盾的結束，而是矛盾的轉化。所以習近平總書記在十九大報告中指出，「必須清醒看到，我們的工作還存在許多不足，也面臨不少困難和挑戰。主要是：發展不平衡不充分的一些突出問題尚未解決，發展品質和效益還不高，創新能力不夠強，實體經濟水平有待提高，生態環境保護任重道遠；民生領域還有不少短板，脫貧攻堅任務艱巨，城鄉區域發展和收入分配差距依然較大，群眾在就業、教育、醫療、居住、養老等方面面臨不少難題；社會文明水平尚需提高；社會矛盾和問題交織疊加，全面依法治國任務依

然繁重，國家治理體系和治理能力有待加強；意識形態領域鬥爭依然複雜，國家安全面臨新情況；一些改革部署和重大政策措施需要進一步落實；黨的建設方面還存在不少薄弱環節。這些問題，必須著力加以解決。」另一方面，我們也必須認識到，我們改革要完成的任務已經發生根本性變化，即習近平總書記在十九大報告中指出的：「中國社會主要矛盾的變化是關係全域的歷史性變化，對黨和國家工作提出了許多新要求。我們要在繼續推動發展的基礎上，著力解決好發展不平衡不充分問題，大力提升發展品質和效益，更好滿足人民在經濟、政治、文化、社會、生態等方面日益增長的需要，更好推動人的全面發展、社會全面進步。」這就是說，新的社會主要矛盾給我們提出了新要求，我們必須以新的姿態和更加廣闊的視野看待新時代的改革。

最後，必須明確，新時代的改革並不是對過去改革的否定，而是對過去改革的繼承與提升。一方面，我們必須認識到，「中國社會主要矛盾的變化，沒有改變我們對中國社會主義所處歷史階段的判斷，中國仍處於並將長期處於社會主義初級階段的基本國情沒有變，中國是世界最大發展中國家的國際地位沒有變。全黨要牢牢把握社會主義初級階段這個基本國情，牢牢立足社會主義初級階段這個最大實際，牢牢堅持黨的基本路線這個黨和國家的生命線、人民的幸福線」。新時代的中國特色社會主義仍然是中國特色社會主義，當然是中國特色社會主義的更高階段。中國特色社會主義的主題是不變的，變得是不同歷史階段改革所要解決的問題和方式。

因此，當在新時代提出「全面深化改革」的時候，這並不是說我們過去的改革是「片面的」「局部的」，甚或是「有局限性」的，而是中國特色社會主義發展到現階段，只能以更加全面的視角，更具有全域性和系統性的策略，才能適應當代社會發展進程中提出的新問題和新需求。在某種意義上說，改革開放的初期提出小康社會時我們往往主要關

注經濟目標，因為那個時候物質的匱乏是主要的矛盾，到比較全面地關注小康社會經濟、政治、文化、社會等方面協同發展的目標，再到黨的十八大提出的經濟建設、政治建設、文化建設、社會建設、生態文明建設全面協調推進，這個進程本身就反映了社會進程與社會認識、社會問題與解決社會問題都是一同發展的。發展進程從局部啟動、重點突破、以點帶面，到現在更加協調、更加包容、更加公正、更加綠色的發展階段。中國的改革開放的一個基本特徵，就是通過「摸著石頭過河」漸進式的變革，穩妥地進行建設性探索，這必須有一個從部分到整體、從局部到全域、由淺入深的過程；這種改革保證了中國在相對穩定的狀態下進行改革，讓中國在沒有社會震盪的情況下積累了豐盛的改革成果。然而，改革開放發展到今天，好改的已經改完了，剩下的都是硬骨頭，必須通過全面協同的系統性改革才能解決整體性、全域性、深層次的改革目標。此時，「摸著石頭過河」仍然有效，同時必須加強「頂層設計」。譬如，法治建設的目標在改革開放初期就提出了，但是法治也必須有從一個領域到更多領域再到所有領域的過程，法律體系不是一蹴而就的，不僅必須基於歷史進程的經驗按照合法的程式加以立法，而且也有一個培育全社會的法治文化和信仰的過程。根據唯物史觀，社會發展的目標不是黑格爾式先驗的「絕對理念」，而是隨著我們歷史活動的前進步伐不斷往前延伸的地平線。到今天，即使我們進行全面系統的改革，這種改革仍然需要根據社會發展的趨勢分步驟展開，使社會主義現代化進程表現為一個逐漸完善的過程。正如習近平總書記在十九大報告中指出的，「只有社會主義才能救中國，只有改革開放才能發展中國、發展社會主義、發展馬克思主義。必須堅持和完善中國特色社會主義制度，不斷推進國家治理體系和治理能力現代化，堅決破除一切不合時宜的思想觀念和體制機制弊端，突破利益固化的藩籬，吸收人類文明有益成果，構建系統完備、科學規範、運行有效的制度體系，充分發揮中國社會主義制度優越性。」

第六章　加快構建中國特色哲學社會科學

第一節　如何理解哲學社會科學的「中國特色」

　　二〇一六年五月十七日上午，習近平總書記主持召開哲學社會科學工作座談會並發表重要講話，提出要加快構建中國特色哲學社會科學。那麼，應該怎樣理解中國哲學社會科學的「中國特色」呢？

　　當代中國哲學社會科學的「中國特色」，首先在於它是基於當代中國實踐、面向中國問題、回應中國需求的哲學社會科學研究活動和學術體系。中國特色社會主義是前無古人的事業，推進中國特色社會主義偉大事業，實現中華民族偉大復興，必須積極進行具有許多新的歷史特點的偉大鬥爭，要進行好這一偉大鬥爭，真正實現偉大復興，順利推進偉大事業，就必須以改革創新的精神全面推進黨的建設新的偉大工程，實現當代中國的偉大社會變革。習近平總書記指出：「當代中國的偉大社會變革，不是簡單延續中國歷史文化的母版，不是簡單套用馬克思主義經典作家設想的範本，不是其他國家社會主義實踐的再版，也不是國外現代化發展的翻版，不可能找到現成的教科書。」因此，中國哲學社會科學應該以當前社會主義偉大實踐正在努力做的事情為中心，從中國改革開放和經濟社會發展的實踐中挖掘新材料、發現新問題、提出新觀點、構建新理論，加強對改革開放和社會主義現代化建設實踐經驗的系統總結，加強對發展社會主義市場經濟、民主政治、先進文化、和諧社會、生態文明以及黨的執政能力建設等領域的分析研究，加強對黨中央治國理政新理念新思想新戰略的研究闡釋，提煉出有學理性的新理論，概括出有規律性的新實踐。這是當代中國構建中國特色哲學社會科學的著力點、著重點。

其次，當代中國哲學社會科學的「中國特色」，也在於它是立足中華優秀傳統文化，對中國人民時代訴求的思想把握和理論發展，是一脈相承的中國學術源流的創造性轉換和創新性拓展。我們不是從零開始中國特色社會主義歷史進程的，而是以中華民族創造的輝煌歷史作為前進的起點。習近平總書記指出：「中國古代大量鴻篇巨制中包含著豐富的哲學社會科學內容、治國理政智慧，為古人認識世界、改造世界提供了重要依據，也為中華文明提供了重要內容，為人類文明做出了重大貢獻。」「要加強對中華優秀傳統文化的挖掘和闡發，使中華民族最基本的文化基因與當代文化相適應、與現代社會相協調，把跨越時空、超越國界、富有永恆魅力、具有當代價值的文化精神弘揚起來。要推動中華文明創造性轉化、創新性發展，啟動其生命力，讓中華文明同各國人民創造的多彩文明一道，為人類提供正確精神指引。」由此，民族特色一是要循著中華民族文化傳統和脈絡向前；二是對中華文化的精髓也要進行「創造性轉化、創新性發展」；三是中國哲學社會科學也應該對世界有所貢獻。為此，哲學社會科學工作者要圍繞中國和世界發展面臨的重大問題，著力提出能夠體現中國立場、中國智慧、中國價值的理念、主張和方案。如果哲學社會科學工作者讓世界知道了「發展中的中國」「開放中的中國」「為人類文明做貢獻的中國」，這樣就自然形成了「學術中的中國」「理論中的中國」「哲學社會科學中的中國」，就必定使中國特色的形象更加富有特色和魅力。當然，強調哲學社會科學的民族性和特色，並不是要排斥其他國家的學術研究成果，而是要在比較、對照、批判、吸收、昇華的基礎上，使哲學社會科學的民族性更加符合當代中國和當今世界的發展要求。

再次，當代中國哲學社會科學的「中國特色」，又在於它是根據中華民族長期認識世界改造世界過程中形成的「理解結構」汲取和消化外來學術成果的。習近平總書記指出：「中華民族有著深厚文化傳統，形

成了富有特色的思想體系，體現了中國人幾千年來積累的知識智慧和理性思辨。這是中國的獨特優勢。中華文明延續著我們國家和民族的精神血脈，既需要薪火相傳、代代守護，也需要與時俱進、推陳出新。」哲學社會科學首先是對人類活動的總結，但也是人類對活動思考的結果。「為學之道，必本於思。」「不深思則不能造於道，不深思而得者，其得易失。」思考是有路徑和方法的，不同的思維方式就使思考呈現豐富多樣的特色。一方面，解決中國的問題，提出解決人類問題的中國方案，要堅持中國人的世界觀、方法論；另一方面，解決中國的問題，也需要借助中國的思維方式。一是中國人的思維方式本身就是問題的組成部分，二是這種思維方式就像與中國問題之鎖相配的鑰匙。正如毛澤東同志在一九四四年說過的：「我們的態度是批判地接受我們自己的歷史遺產和外國的思想。我們既反對盲目接受任何思想也反對盲目抵制任何思想。我們中國人必須用我們自己的頭腦進行思考，並決定什麼東西能在我們自己的土壤裡生長起來。」當然，中國的思維方式也不應該是封閉的自我循環，應該在思維的傳承與其他思維方式的借鑑過程中，不斷擴大自己的思維視野。

又次，當代中國哲學社會科學的「中國特色」，還在於它是通過中國的學科體系、學術體系、話語體系來闡釋和表達中國認識、中國思想和中國理論。真正的研究是基於實際問題的研究。問題是時代的呼聲，每個時代都有自己特殊的表達方式和話語體系反映這個時代的問題。哲學社會科學工作者要投身社會實際，善於從實際經驗中提煉標識性概念，打造易於為國際社會所理解和接受的新概念、新範疇、新表述，引導國際學術界展開研究和討論。這項工作要從學科建設做起，每個學科都要構建成體系的學科理論和概念。哲學社會科學工作者只有以中國社會發展的實際為研究起點，「提出具有主體性、原創性的理論觀點，構建具有自身特質的學科體系、學術體系、話語體系，中國哲學社會科學

才能形成自己的特色和優勢。」真正以問題為導向的哲學社會科學，必然有與之相適應的學科體系、學術體系和話語體系，只有在這種具有原創性和自主性的學科體系、學術體系和話語體系基礎上，我們才能反映中國現實、解決中國問題、提出中國方案。

最後，但卻是最為重要的，當代中國哲學社會科學的「中國特色」，即在於它是堅持以馬克思主義為指導的科學的理論體系，是中國化的馬克思主義的最新成果。正如習近平總書記指出的，「堅持以馬克思主義為指導，是當代中國哲學社會科學區別於其他哲學社會科學的根本標誌，必須旗幟鮮明加以堅持。」馬克思主義是與時俱進開放而發展著的理論，二十一世紀的馬克思主義也就是當代中國的馬克思主義，是基於中國特色社會主義偉大實踐的理論總結，引導中國走向了中國特色社會主義道路。對此，我們要有充分自信。譬如，在馬克思主義指導下，自新中國成立以來，我們用短短幾十年的時間，創造了令世人矚目的「中國奇蹟」，把一個貧窮落後的發展中國家，一躍推向第二大經濟體、第一大貿易國。中國是一個有十三億之眾的大國，人口占世界的五分之一，中國的迅速發展和復興必定大大改變世界格局。這充分證明了馬克思主義的科學性和強大生命力，同時也決定著中國哲學社會科學的真實內容和特色。在經濟全球化的時代，實現中華民族偉大復興的偉大事業，堅持和發展中國特色社會主義是一項長期而艱巨的歷史任務，必須準備進行具有許多新的歷史特點的偉大鬥爭，哲學社會科學工作者要根據習近平總書記的要求，「按照立足中國、借鑑國外，挖掘歷史、把握當代，關懷人類、面向未來的思路，著力構建中國特色哲學社會科學，在指導思想、學科體系、學術體系、話語體系等方面充分體現中國特色、中國風格、中國氣派。」

習近平總書記在哲學社會科學工作座談會上的講話中提出，堅持和發展中國特色社會主義，必須高度重視哲學社會科學，結合中國特色社

會主義偉大實踐，加快構建中國特色哲學社會科學。

加快構建中國特色哲學社會科學，首先要立足中國特色社會主義的偉大實踐。習近平總書記指出，人類社會每一次重大躍進，人類文明每一次重大發展，都離不開哲學社會科學的知識變革和思想先導。作為一個文明古國，中國曾經有過輝煌的歷史，但是近代以來的落伍，使國家陷於積貧積弱的狀態，幾乎落入喪失獨立、任人宰割的境地。中國文化有著悠久的傳統，中國人民有著強勁的韌性，不斷尋求中華民族復興的光榮與夢想。作為一個擁有占世界五分之一人口十三億之眾的大國，作為一個有自己文明範式的國家，當代中國正經歷著歷史上最為廣泛而深刻的社會變革，也正在進行著人類歷史上最為宏大而獨特的實踐創新。這是前無古人的實踐，既承擔中華民族偉大復興的任務，也在與世界人民一起尋求著人類文明前行的方向。這種偉大實踐所造就的，必定是需要理論而且能夠產生理論的時代，也必定是需要思想而且能夠產生思想的時代。

加快構建中國特色哲學社會科學，還要回答中國特色社會主義實踐中提出和遇到的問題。問題是時代的聲音，增強問題意識，堅持問題導向，是探索中國特色社會主義道路的必然要求。作為學者不能只是困於書齋，必須有強烈的問題意識，認識到問題是一切科學研究的邏輯起點。所謂哲學社會科學工作者的問題意識，就是必須有發現問題的敏銳、正視問題的清醒、解決問題的自覺。樹立問題意識，在認識論是講就是要實事求是，一切從實際出發；從實踐的角度講就是做到有的放矢，不講空話，根據問題的性質來思考我們的工作思路、辦法和步驟。實際上，樹立問題意識具有重要方法論意義，學術界務必堅持求真務實的科學態度，建立理論與實踐的聯動機制，消除對當代中國實踐的諸多誤區和盲區，紮實推進哲學社會科學創新體系建設。堅持問題導向，必須摒棄本本主義、教條主義。一是洋教條，一切思考都是根據西方的理

論來設定，根本不考慮中國實際的特殊性；二是一切原則都是從古書裡去尋找，把過去的結論來解決新時代的問題。例如，有人只是講西方的理論，缺少實踐、田野知識的支撐；也有些人只是講「子曰」和「之乎者也」，缺少時代感和現實感。用這種教育來培養人才，很難培養出符合時代要求的創新性人才來。

加快構建中國特色哲學社會科學，目標就是推動中國特色社會主義事業發展。要推動中國特色社會主義事業，就必須堅持以人民為中心的研究導向。脫離了人民，哲學社會科學就失去繁榮發展的基礎，也失去繁榮發展的動力，更沒有繁榮發展的正確目標。我們必須堅持人民是歷史創造者這一馬克思主義的基本觀點和立場，樹立為人民做學問的理想，尊重人民主體地位，聚焦人民實踐創造，回應人民的關切，自覺把個人學術追求同國家和民族發展緊緊連繫在一起。按照立足中國、借鑑國外，挖掘歷史、把握當代，關懷人類、面向未來的思路，既體現繼承性、民族性，也體現原創性、時代性，還體現系統性、專業性的要求，努力多出經得起實踐、人民、歷史檢驗的研究成果，著力構建充分體現中國特色、中國風格、中國氣派的學科體系、學術體系、話語體系，加快構建中國特色哲學社會科學。

第二節　大力推進中國特色哲學社會科學的創新

　　加快構建中國特色哲學社會科學，必須大力推進哲學社會科學的創新。那麼我們應該如何推進哲學社會科學創新體系建設呢？

　　推進哲學社會科學創新體系建設，首先要面向中國特色社會主義道路的偉大實踐。哲學社會科學的價值在於它的問題意識：提出問題、分析問題、闡釋問題、解決問題。哲學社會科學的創新必定來自新的問題和對真實問題的新闡釋。沒有真實的問題就沒有社會科學，沒有新問題和對問題的新理解也不會有社會科學。而真實的問題來自真實的生活和實踐活動真實的問題來自真實的生活和實踐活動，新的問題則來自新的實踐和實踐中出現的新的發展趨勢。為此，高校社會科學工作者必須堅持以重大現實問題為主攻方向，加強對中國特色社會主義建設具有全域性、戰略性、前瞻性問題研究，加快哲學社會科學成果轉化，更好服務經濟社會發展。中國特色社會主義的偉大實踐，是我們哲學社會科學創新的基礎。中國社會經過三十多年的改革開放，實現了經濟的突飛猛進和社會的深刻變化。因此，我們必須結合中國實際和時代特點，面向中國特色社會主義的偉大實踐，建立具有鮮明時代特徵的學科理論體系和體現中國特色社會主義偉大創新實踐的學術話語體系，著力推出更多代表國家水平、具有世界影響、經得起實踐和歷史檢驗的優秀成果。這就是說，對於高等學校來說，必須堅持以重大現實問題為主攻方向，立足中國特色社會主義偉大實踐進行新的理論創造，重點扶持立足中國特色社會主義實踐的研究專案，通過實證研究和理論研究，深刻闡釋中國特色社會主義道路是中國共產黨領導中國人民立足中國國情、借鑑人類文

明優秀成果走出的創新之路，是人類文明史上的偉大創舉，是中國對世界的歷史性貢獻。只有基於這樣真實的、偉大的歷史性實踐的學術研究，才能獲得歷史性的理論創新和學術進展。只有基於中國特色社會主義建設的實踐，我們才能真正發展社哲學會科學，推進學科體系、學術觀點、科研方法創新，在全面建設小康社會、加快推進社會主義現代化的歷史進程中做出新的更大貢獻。只有這樣，才能真正建設具有中國特色、中國風格、中國氣派的哲學社會科學。

推進哲學社會科學創新體系建設，還要立足哲學社會科學的傳承創新。只有站在前人研究的基礎上，我們才能不斷攀登新的高峰。中華民族有著悠久的文化傳統和豐富的思想理論資源，近代在與西方文化的接觸中也有了新的發展與轉向，特別是馬克思主義傳入中國給哲學社會科學的發展注入了新的活力，與時俱進的中國化的馬克思主義成為引領中國社會發展的指導思想。這是我們哲學社會科學創新的最大思想資源和理論背景，我們的學科體系的創新是對原有學科體系的調整、綜合和發展，我們的學術觀點創新是對已有觀點的繼承、改造和發展，我們的方法創新是根據變化的形勢在原有方法基礎上的範式變化。因此，哲學社會科學創新就要鞏固發展馬克思主義理論學科，堅持和發展中國特色社會主義，堅持基礎研究和應用研究並重，傳統學科和新興學科、交叉學科並重，實施哲學社會科學創新工程，從而實現推進學科體系、學術觀點、科研方法創新的目標。

推進哲學社會科學創新體系建設，也要提高哲學社會科學人才培養品質，為哲學社會科學和文化繁榮提供人才保障。人文就是以文化人，人文也是以人傳文。高等學校是培養高級專門人才的地方，哲學社會科學需要大批後備力量傳承創新社會科學知識，學習理工農醫的學生也需要哲學社會科學的素養。沒有科學素養的人是缺乏創造力量的，而沒有文化素養和價值理想的人則是缺乏精神方向的。哲學社會科學要創新，

就需要培養有創新能力和創新意識的哲學社會科學人才。培養創新人才，不僅要給他們深厚且廣博的知識訓練，而且要培養他們反思和批判性思維的能力；不僅要讓他們樹立科學精神，而且要培育他們的責任意識和歷史使命感。鑒於此，高等學校必須不斷改革哲學社會科學教學體系、教材體系，改進教學方法，更新教學內容，培養更多哲學社會科學人才。

推進哲學社會科學創新體系建設，同時需要加強國際交流與合作。改革開放幾十年的歷史，已經使我們面對的社會問題國際化了。即使國內的問題也往往與國際形勢有著錯綜複雜的連繫，所以哲學社會科學研究必須要有國際化的視野。我們不僅要研究國際問題，而且結合國際視野研究中國問題，才能真正增強中國哲學社會科學國際話語權。在全球化的時代，只有通過國際化的培養機制才能營造出適當的氛圍，培養符合二十一世紀全球化進程所需要的具有較強跨文化交流的人才來。譬如，作為以教師教育、教育科學和文理基礎學科為特色的研究型大學，北京師範大學就必須有國際化的視野和氛圍，才能培養出具有國際視野和跨文化交流能力的未來教師。有了國際視野的教師，才能培養出符合時代要求並且具有全球競爭能力的新世紀人才來。

總之，哲學社會科學工作者要以極大的熱情和責任感，堅持馬克思主義指導地位，堅持中國特色社會主義道路、理論和制度，堅持「二為」方向和「雙百」方針，大力推動社會主義核心價值體系建設，促進哲學社會科學創新體系建設，研究重大理論實踐問題，更好地發揮哲學社會科學認識世界、傳承文明、創新理論、諮政育人、服務社會的重要功能。

第三節　勇於推進實踐基礎上的理論創新

習近平總書記在十九大報告中指出，十八大以來，國內外形勢變化和中國各項事業發展都給我們提出了一個重大時代課題，這就是必須「從理論和實踐結合上」系統回答「新時代堅持和發展什麼樣的中國特色社會主義、怎樣堅持和發展中國特色社會主義」。正是圍繞這個重大時代課題，中國共產黨人以「全新的視野」和無畏的勇氣深化對共產黨執政規律、社會主義建設規律、人類社會發展規律的認識，在人類歷史上空前的偉大實踐基礎上，進行艱辛理論探索，取得一系列重大理論創新成果，「形成了新時代中國特色社會主義思想」。

作為一個馬克思主義政黨，中國共產黨是以科學的理論武裝起來的政黨，她總是以科學的世界觀和方法論指導自己的行動。正因如此，我們黨才從小到大、從弱到強，帶領中國人民經過頑強奮鬥取得了民族獨立、人民解放，建立了人民當家做主的新中國，隨後又通過艱苦卓絕的探索，開闢了民族復興的中國特色社會主義道路。我們黨是高度重視理論建設和理論指導的黨，我們黨取得的每一個成績都是堅持理論同實踐相統一、不斷理論創新的結果。不斷推進實踐基礎上的理論創新，是中國特色社會主義取得成功的祕訣之一。

在新時代，堅持和發展中國特色社會主義，我們就必須高度重視理論的作用，增強理論自信和戰略定力。恩格斯說：「一個民族要想站在

科學的最高峰，就一刻也不能沒有理論思維。」[1]在當今世界，要提高理論思維，就必須堅持和發展馬克思主義。馬克思主義深刻揭示了自然界、人類社會以及人類思維發展的普遍規律，指明了人類社會發展進步的方向；馬克思主義堅持實現人民解放、維護人民利益的立場，以實現人的自由而全面的發展和全人類解放為己任，反映了人類對理想社會的價值追求；馬克思主義揭示了事物的本質、內在連繫及發展規律，具有鮮明的實踐品格，作為偉大的認識工具不僅致力於科學地「解釋世界」，而且致力於積極「改變世界」。正如習近平總書記在主持中央政治局第四十三次集體學習時指出的，在人類思想史上，就科學性、真理性、影響力、傳播面而言，沒有一種思想理論能達到馬克思主義的高度，也沒有一種學說能像馬克思主義那樣對世界產生了如此巨大的影響。這充分體現了馬克思主義的巨大真理威力和強大生命力，表明馬克思主義對人類認識世界、改造世界、推動社會進步仍然具有不可替代的作用。以馬克思主義為指導，是當代中國特色社會主義道路、理論、制度、文化的根本標誌，必須旗幟鮮明加以堅持。

怎麼樣才能做到真正堅持馬克思主義呢？

首先，堅持馬克思主義，就必須認認真真地學習和研究馬克思主義，力求做到真學真懂真信真用。習近平總書記強調，時代在變化，社會在發展，但馬克思主義基本原理依然是科學真理。儘管我們所處的時代同馬克思所處的時代相比發生了巨大而深刻的改變，但從世界社會主義運動的大視野來看，我們依然處在馬克思主義所指明的歷史時代。這是我們對馬克思主義保持堅定信心、對社會主義保持必勝信念的科學根據。但是，面對歷史變化特別是東歐劇變，有些同志對馬克思主義的信

1　《馬克思恩格斯全集》卷20（北京市：人民出版社），頁384。

念發生動搖、失去信心，學習的自覺性不足；有些同志對馬克思主義理解不深、理解不透，在運用馬克思主義立場、觀點、方法上功力不足。社會上也存在一些模糊甚至錯誤的認識。有的認為馬克思主義已經過時，中國現在搞的不是馬克思主義；有的說馬克思主義只是一種意識形態說教，沒有學術上的學理性和系統性。實際工作中，在有的領域中馬克思主義被邊緣化、空泛化、標籤化，學習馬克思主義成為敷衍的口號。這種狀況必須引起我們高度重視。馬克思主義經典作家眼界廣闊、知識豐富，馬克思主義理論體系和知識體系博大精深，涉及自然界、人類社會、人類思維各個領域，涉及歷史、經濟、政治、文化、社會、生態、科技、軍事、黨建等各個方面，不下大氣力、不下苦功夫是難以掌握真諦、融會貫通的。對馬克思主義的學習和研究，必須抱老老實實的態度，不能採取淺嘗輒止、蜻蜓點水的態度，更不能裝樣子。從理論指導實踐的角度看，馬克思主義就是我們黨和人民事業不斷發展的參天大樹之根本，就是我們黨和人民不斷奮進的萬里長河之泉源。背離或放棄馬克思主義，我們黨就會失去靈魂、迷失方向。

歷史的經驗證明，在堅持以馬克思主義為指導這一根本問題上，我們必須堅定不移，任何時候任何情況下都不能有絲毫的動搖。我們一要認認真真、原原本本學習和研讀馬克思主義經典著作。二要學習研究當代世界馬克思主義思潮，從全球的視野領會馬克思主義的精髓，這對我們推進馬克思主義中國化，發展二十一世紀馬克思主義、當代中國馬克思主義具有積極作用。三是更須立足實際工作，結合黨中央治國理政的新理念新思想新戰略學習，要帶著問題有針對性地學，連繫實際深入學，在解決問題的過程中持久學，在化解難題的過程中刻苦學，把科學思想理論轉化為認識世界、改造世界的強大物質力量，以便更好堅持和發展中國特色社會主義，開啟新時代中國特色社會主義新征程。

其次，堅持馬克思主義不能教條主義和實用主義地對待馬克思主

義，而必須把馬克思主義作為行動的指南。恩格斯早就說過：「馬克思的整個世界觀不是教義，而是方法。它提供的不是現成的教條，而是進一步研究的出發點和供這種研究使用的方法。」[2]對待馬克思主義，不能採取教條主義的態度，也不能採取實用主義的態度。教條主義地對待馬克思主義，那就把認識世界改造世界的銳利武器變成了作繭自縛的僵死教義；實用主義地對待馬克思主義，那就把科學的理論變成了隨意剪裁的對象，喪失了理論的立場和原則性。如果不顧歷史條件的變化和現實情況的差異，拘泥於馬克思主義經典作家在特定歷史條件下、針對具體情況做出的某些個別論斷和具體行動綱領，我們就會因為思想脫離實際而不能很好地解決現實問題，甚至會因主觀主義的方法而發生重大失誤。我們也不能什麼都用馬克思主義經典作家的語錄來說話，馬克思主義經典作家沒有說過的就不能說，這不是馬克思主義的態度。同時，我們也無須根據需要找一大堆語錄，什麼事都說成是馬克思、恩格斯當年說過了，生硬「裁剪」活生生的實踐發展和創新，這也不是馬克思主義的態度。如果我們只說馬克思說過的話，那我們就真的顯得「過時了」。馬克思主義是世界觀和方法論，世界觀給我們提供一個看問題的根本方向和基本框架，而方法論則給我們分析不斷湧現的實際問題提供正確的路徑和思路。在馬克思的時代，沒有噴氣式飛機、高鐵，更沒有互聯網，我們在他那裡找不到關於這些東西的直接話語，但是馬克思主義的方法論仍然可以幫助我們分析交通便利和互聯網時代人們交往關係的本質。如果我們用馬克思說過的話說與其無關的事情，那就是張冠李戴，恰恰不是馬克思主義的，因為這不符合一切從實際出發、實事求是的思想方法。馬克思主義的立場觀點和方法，可以幫助我們說出反映當

---

2 《馬克思恩格斯全集》卷39（北京市：人民出版社），頁406。

代社會發展進程的新話，這些話可能馬克思沒有說過，但它們仍然是馬克思主義的。

再次，堅持馬克思主義就勇於推進實踐基礎上的理論創新，沒有創新就沒有理論的生命力。馬克思主義是隨著時代、實踐、科學發展而不斷發展的開放的理論體系，它並沒有結束真理，而是開闢了通向真理的道路。鄧小平同志曾經說過，「如何使馬克思列寧主義與各個時期的具體情況相結合，這是一個需要不斷解決的問題。」[3]實際上，中國共產黨的歷史，就是馬克思主義普遍真理同中國具體實際相結合的過程。改革開放以來中國特色社會主義的發展過程，也是馬克思主義普遍真理同中國具體實際相結合的過程。可以預見，新時代中國特色社會主義的發展過程也將是馬克思主義普遍真理同中國具體實際相結合的過程。正如習近平總書記在十九大報告中指出的，「實踐沒有止境，理論創新也沒有止境。世界每時每刻都在發生變化，中國也每時每刻都在發生變化，我們必須在理論上跟上時代，不斷認識規律，不斷推進理論創新、實踐創新、制度創新、文化創新以及其他各方面創新。」人類社會歷史的真理是過程性的，堅持真理也是一個不斷認識深化的過程。把堅持馬克思主義和發展馬克思主義統一起來，結合新的實踐不斷做出新的理論創造，這是馬克思主義永葆生機活力的奧妙所在。理論只有引領時代，才有自身的價值，才能發揮實際作用。俄國科學院遠東研究所首席研究員沃瓦羅娃就認為，「中國共產黨的理論創新是中國取得巨大發展成就的『祕訣』，中共十八大所做的決定指引中國走在全面建成小康社會的道路上，而中共十九大做出的英明決策，將進一步促進中國經濟社會發展進步。」[4]

3　鄧小平：《鄧小平文選》卷3（北京市：人民出版社，1994年第2版），頁258。

4　欒海：〈理論創新是中共成功「祕訣」——專訪俄科學院遠東研究所首席研究員沃瓦羅娃〉，《參考消息》，2017年10月19日，第11版。

我們要立足時代特點、傾聽時代呼聲，推進馬克思主義時代化，更好運用馬克思主義觀察時代、解讀時代、引領時代，真正搞懂面臨的時代課題，深刻把握世界歷史的脈絡和走向。一方面我們要解讀和概括好中國特色社會主義的新探索和新成就，用中國化的馬克思主義理論講述中國發展。新中國成立後特別是改革開放以來，中國發生了深刻變革，置身這一歷史巨變之中的中國人更有資格、更有能力揭示這其中所蘊含的歷史經驗和發展規律，為發展馬克思主義做出中國的原創性貢獻。世界上越來越多的人認識到，經濟上，中國對世界經濟增長的貢獻十分突出，證明了中國模式的成功，中國成功推進經濟結構調整是世界經濟的重大利好因素，希望擴大對中國的出口、得到更多的投資。政治上，西方國家治理亂象叢生，政黨鬥爭對政治執行力形成嚴重掣肘，國際社會對中國治理能力高度認同，公開認同中國共產黨和社會主義制度的人越來越多，希望中國成為平衡西方、為人類文明進步發揮正能量的積極力量。文化上，中國理念、中國價值、中國主張的影響力不斷擴大，研究中國文化的人數明顯增多，對中國治國理政感興趣的人越來越多，很多發展中國家希望我們幫助他們培養幹部。這是一種風向，過去很多發展中國家眼睛向西，熱衷於西方經驗，現在紛紛提出向東看，向我們學習，尋找東方寶典，這說明我們的發展理念、發展道路、發展模式對他們產生了很大吸引力。正如習近平總書記在哲學社會科學工作座談會上的講話中指出的，「馬克思主義中國化取得了重大成果，但還遠未結束。中國哲學社會科學的一項重要任務就是繼續推進馬克思主義中國化、時代化、大眾化，繼續發展二十一世紀馬克思主義、當代中國馬克思主義。」另一方面，我們也必須對全球性世界性問題做出中國的理論理解和說明。當今世界經濟政治的新發展，不僅給中國的發展提供了機遇，也給中國理論發展提供了條件。有西方學者就指出，「二〇〇八至二〇〇九年的經濟和金融危機就是起源於也是集中發生於跨大西洋經濟

體，並損害了西方自由經濟的名聲，卻增加了非傳統的政府主導的典範的吸引力，特別是中國。同時，中國以自身的經濟成功來增強其政治影響力。」[5]經濟的變化也造成西方制度性衰變「……一些重要的國際事件引起對自由主義秩序前景、對美國大戰略前景的進一步懷疑。……選舉民主制的步伐已經止步不前，因為撞上了民主化的內在困難」[6]，所有這些都為我們重新認識資本主義提供了新的支點。正如習近平總書記強調的，世界格局正處在加快演變的歷史進程之中，產生了大量深刻複雜的現實問題，提出了大量亟待回答的理論課題。這就需要我們加強對當代資本主義的研究，分析把握其出現的各種變化及其本質，深化對資本主義和國際政治經濟關係深刻複雜變化的規律性認識。在認識資本主義時，我們也可以借鑑國外各種學術資料特別是當代世界的馬克思主義思潮。當代世界馬克思主義思潮，一個很重要的特點就是他們中很多人對資本主義結構性矛盾以及生產方式矛盾、階級矛盾、社會矛盾等進行了批判性揭示，對資本主義危機、資本主義演進過程、資本主義新形態及本質進行了深入分析。這些觀點有助於我們正確認識資本主義發展趨勢和命運，準確把握當代資本主義新變化新特徵，加深對當代資本主義變化趨勢的理解。對國外馬克思主義研究新成果，我們要密切關注和研究，有分析、有鑒別，既不能採取一概排斥的態度，也不能搞全盤照搬。同時，我們要堅持把自己的事情辦好，不斷發展中國特色社會主義，不斷壯大中國綜合國力，充分展示中國社會主義制度的優越性。我們要有這樣的理論自覺，更要有這樣的理論自信。真正的理論創新，歸

5　格雷戈爾・歐文：〈發揮跨大西洋貿易與投資關係協定的戰略潛力（下）〉，《國外社會科學文摘》2017年1月號，頁39-40。

6　蘭德公司報告〈美國大戰略與自由主義秩序──連貫性、變化與未來選項〉，《國外社會科學文摘》2017年1月，頁12。

根結底要立足中國實際，以我們正在做的事情為中心，聆聽人民心聲，回應現實需要，深入總結中國特色社會主義實踐，更好實現馬克思主義基本原理同當代中國具體實際相結合，同時也要放寬視野，吸收人類文明一切有益成果，不斷創新和發展馬克思主義。在新的時代條件下，我們要進行偉大鬥爭、建設偉大工程、推進偉大事業、實現偉大夢想，仍然需要保持和發揚馬克思主義政黨與時俱進的理論品格，勇於推進實踐基礎上的理論創新。時代是思想之母，實踐是理論之源。我們要在迅速變化的時代中贏得主動，要在新的偉大鬥爭中贏得勝利，就要在堅持馬克思主義基本原理的基礎上，以更寬廣的視野、更長遠的眼光來思考和把握國家未來發展面臨的一系列重大戰略問題，在理論上不斷拓展新視野、做出新概括。

十八大以來，我們黨圍繞時代提出的重大課題，從理論和實踐結合上系統回答了這樣的問題，即「新時代堅持和發展什麼樣的中國特色社會主義、怎樣堅持和發展中國特色社會主義」，其中包括新時代堅持和發展中國特色社會主義的總目標、總任務、總體布局、戰略布局和發展方向、發展方式、發展動力、戰略步驟、外部條件、政治保證等基本問題，並且要根據新的實踐對經濟、政治、法治、科技、文化、教育、民生、民族、宗教、社會、生態文明、國家安全、國防和軍隊、「一國兩制」和祖國統一、統一戰線、外交、黨的建設等各方面做出理論分析和政策指導，以利於更好堅持和發展中國特色社會主義。圍繞這個重大時代課題，中國共產黨人堅持以馬克思列寧主義、毛澤東思想、鄧小平理論、「三個代表」重要思想、科學發展觀為指導，堅持解放思想、實事求是、與時俱進、求真務實，堅持辯證唯物主義和歷史唯物主義，緊密結合新的時代條件和實踐要求，以「全新的視野」深化對共產黨執政規律、社會主義建設規律、人類社會發展規律的認識，經過艱辛的理論探索，開拓性地「形成了新時代中國特色社會主義思想」，成為新時代中

國特色社會主義事業嶄新的理論嚮導和行動綱領。

最後，堅持馬克思主義就要用發展著的理論指導發展著的社會實踐。我們黨是用馬克思主義武裝起來的政黨，馬克思主義是我們共產黨人理想信念的靈魂。理論只有在運用中才能發展，也只有在發揮實際作用時才能證明其真理性。正如毛澤東同志指出的，「通過實踐發現真理，又通過實踐而證實真理和發展真理。從感性認識而能動地發展到理性認識，又從理性認識而能動地指導革命實踐，改造主觀世界和客觀世界。」[7]在這種理論的實踐運用中，不僅指導了實踐，而且推動了理論的創新。發展二十一世紀馬克思主義、當代中國馬克思主義，必須立足中國、放眼世界，保持與時俱進的理論品格，深刻認識馬克思主義的時代意義和現實意義，鍥而不捨推進馬克思主義中國化、時代化、大眾化，使馬克思主義放射出更加燦爛的真理光芒。堅持問題導向是馬克思主義的鮮明特點。問題是創新的起點，也是創新的動力源。只有聆聽時代的聲音，回應時代的呼喚，認真研究解決重大而緊迫的問題，才能真正把握住歷史發展的脈絡、找到社會發展的規律，推動理論創新。

堅持以馬克思主義為指導，必須落到研究中國發展和我們黨執政面臨的重大理論和實踐問題上來，落到提出解決問題的正確思路和有效辦法上來。只有真正弄懂了馬克思主義，才能在揭示共產黨執政規律、社會主義建設規律、人類社會發展規律上不斷有所發現、有所創造，才能更好識別各種唯心主義觀點、更好抵禦各種歷史虛無主義謬論。要堅持用連繫的發展的眼光看問題，增強戰略性、系統性思維，分清本質和現象、主流和支流，既看存在問題又看其發展趨勢，既看局部又看全域，提出的觀點、做出的結論要客觀準確、經得起檢驗，在全面客觀分析的

7　毛澤東：《毛澤東選集》卷1（北京市：人民出版社，1991年），第2版，頁296。

基礎上，努力揭示中國社會發展、人類社會發展的大邏輯大趨勢。習近平總書記指出，回顧黨的奮鬥歷程可以發現，我們黨之所以能夠不斷歷經艱難困苦創造新的輝煌，很重要的一條就是我們黨始終重視思想建黨、理論強黨，堅持用科學理論武裝廣大黨員、幹部的頭腦，使全黨始終保持統一的思想、堅定的意志、強大的戰鬥力。沃瓦羅娃指出，中國特色社會主義是實踐、理論、制度緊密結合的，既把成功的實踐上升為理論，又以正確的理論指導新的實踐，還把實踐中已經見成效的方針政策鞏固成為黨和國家的制度。[8]我們要贏得優勢、贏得主動、贏得未來，戰勝前進道路上各種各樣的攔路虎、絆腳石，必須把馬克思主義作為看家本領，以更寬廣的視野、更長遠的眼光來思考把握未來發展面臨的一系列重大問題，不斷提高全黨運用馬克思主義分析和解決實際問題的能力，不斷提高運用科學理論指導我們應對重大挑戰、抵禦重大風險、克服重大阻力、解決重大矛盾的能力。要堅持不懈用馬克思主義中國化最新成果武裝頭腦、凝心聚魂，堅定全黨馬克思主義信仰和共產主義理想，不斷提高全黨特別是領導幹部的理論思維能力和思想政治水平。

習近平總書記在十九大報告中強調指出：「時代是思想之母，實踐是理論之源。只要我們善於聆聽時代聲音，勇於堅持真理、修正錯誤，二十一世紀中國的馬克思主義一定能夠展現出更強大、更有說服力的真理力量！」在新時代中國特色社會主義思想指引下，中國特色社會主義事業必定取得更加偉大的成就。

8　樂海：〈理論創新是中共成功「祕訣」──專訪俄科學院遠東研究所首席研究員沃瓦羅娃〉，《參考消息》，2017年10月19日，第11版。

第四節　堅持運用馬克思主義科學方法論

　　習近平總書記在省部級主要領導幹部「學習習近平總書記重要講話精神，迎接黨的十九大」專題研討班上發表重要講話強調，中國特色社會主義是改革開放以來黨的全部理論和實踐的主題，全黨必須高舉中國特色社會主義偉大旗幟，牢固樹立中國特色社會主義道路自信、理論自信、制度自信、文化自信，不僅要決勝全面小康社會，而且要確保黨和國家事業始終沿著正確方向勝利前進。黨的歷史經驗已經證明，要確保我們黨和國家的偉大事業始終沿著正確方向勝利前進，就必須有科學的理論和方法的引導。面對錯綜複雜、風雲詭譎且極具不確定性的國際形勢，面對因社會發展而出現的新特點，面對人民群眾需要所呈現的多樣化多層次多方面的新特徵，我們如何才能在改革開放和市場經濟的大洋中披荊斬浪，把握正確的前進方向，謀劃和推進黨和國家的各項工作，不斷增強中國特色社會主義國際話語權呢？在講話中，習近平總書記給出了明確的回答，即認識和把握中國社會發展的階段性特徵，要堅持辯證唯物主義和歷史唯物主義的方法論。孔子說過，「工欲善其事，必先利其器。」只有這樣才能做到「不畏浮雲遮望眼，只緣身在最高層。」辯證唯物主義和歷史唯物主義是科學的世界觀和方法論，它能夠幫助我們從全域的、整體的和發展的角度看問題，讓我們看得更遠、看得更准、看得更深。在實際工作和謀劃戰略時，怎樣才能做到堅持辯證唯物主義和歷史唯物主義的方法論呢？

一、堅持辯證唯物主義和歷史唯物主義的方法論，首先要在「三個結合」上下功夫。也就是說，要從歷史和現實、理論和實踐、國內和國際等的結合上思考問題、謀篇布局、推進工作

　　在歷史和現實之間的關係把握未來的發展趨勢，在理論和實踐的相互作用中推動工作和創新，從國內和國際兩個方面把握大局，這既符合唯物史觀的立場、觀點和方法，也體現著唯物辯證法的思想精髓和智慧。

　　現實是歷史的延續，而未來則是現實的發展。沒有對歷史傳統的把握，就不可能理解現實。不懂得歷史發展的規律，就無法開闢未來，推動社會的發展、文明的進步。習近平總書記非常重視借鑑歷史經驗，在他看來，「歷史是一個民族、一個國家形成、發展及其盛衰興亡的真實記錄，是前人的『百科全書』，即前人各種知識、經驗和智慧的總匯。」習近平總書記本人就善於從歷史中汲取人生智慧和治國理政智慧。首先，我們要學會從中國歷史與中國現實結合看問題。中國有五千年文明史，積澱了豐富的思想文化財富，包含有許多超越時空、具有普遍意義的歷史智慧。我們要學會運用歷史經驗，解決當下的現實問題。其次，我們要學會從世界歷史與中國現實發展結合看問題。二〇一五年八月二十三日，習近平主席在致第二十二屆國際歷史科學大會的賀信指出：「世界的今天是從世界的昨天發展而來的。今天世界遇到的很多事情可以在歷史上找到影子，歷史上發生的很多事情也可以作為今天的借鑑。」「我們不僅要了解中國的歷史文化，還要睜眼看世界，了解世界上不同民族的歷史文化，去其糟粕，取其精華，從中獲得啟發，為我所用。」中國人民正在為實現中華民族偉大復興的中國夢而奮鬥，需要從

歷史中汲取智慧，需要博采各國文明之長。最後，我們要學會從黨的革命歷史與當前現實工作的結合看問題。我們黨從無到有、從小到大、從弱到強的光輝發展史，給我們當前進行偉大鬥爭、建設偉大工程、推進偉大事業、實現偉大夢想提供了直接的歷史基點。二○一三年七月十一日，習近平總書記在河北平山縣西柏坡考察時指出，「對我們共產黨人來說，中國革命歷史是最好的營養劑。多重溫我們黨領導人民進行革命的偉大歷史，心中會增添許多正能量。」當然，與此同時，人類文明的發展史，也是從必然王國向自由王國的艱難探索史，其中有許多的曲折和教訓，這更加值得我們去思索。但是，正如二○一三年十二月二十六日習近平總書記在紀念毛澤東同志誕辰一二○周年座談會上的講話指出的，「歷史總是向前發展的，我們總結和吸取歷史教訓，目的是以史為鑒、更好前進。」唯物史觀引領我們循著中國歷史發展的路徑，參照當今世界歷史發展的大勢和人民對幸福生活的新追求，克服各種困難，解決各種問題，開闢了一個發展中國家順利發展的「中國道路」。唯物史觀還將引領我們，通過歷史認識現實，通過歷史與現實的結合把握未來，沿著正確的道路繼續前進。

沒有理論的行動是盲目的，沒有實踐的理論是空洞的。理論連繫實踐是我們黨實事求是思想路線的路徑和方法。中國共產黨一直在馬克思主義普遍真理與中國實際相結合上下功夫，不僅取得了中國革命的成功，而且創造了快速發展的「中國奇蹟」。習近平總書記強調，我們黨是高度重視理論建設和理論指導的黨，強調理論必須同實踐相統一。正如習近平總書記在其他場合指出的，我們「摸著石頭過河就是摸規律，從實踐中獲得真知。摸著石頭過河和加強頂層設計是辯證統一的。」[9]

9　中央文獻研究室：《習近平關於協調推進「四個全面」戰略布局論述摘編》（北京市：中央文獻出版社，2015年），頁54-55。

隨著人類活動空間的擴展，越是視野開闊的民族越能夠獲得創新的先機，只有擴大與世界各國的交流互鑒，才能掌握發展的主動權。為此，我們不斷推進和深化全面改革開放，不僅以金磚國家銀行和亞洲基礎設施投資銀行創設了新的國際合作機制，而且適時提出了「一帶一路」倡議，讓合作共贏的國際舞臺得到空前的拓展。

　　在辯證唯物主義和歷史唯物主義的方法論指導下，我們就能依據實事求是的原則，深入分析和準確判斷當前世情國情黨情，透過現象把握事情的本質，得出正確的結論。

　　認識和分析問題需要馬克思主義的世界觀和方法論，在實際工作中同樣需要馬克思主義哲學的指導。習近平總書記指出，抓住重點帶動面上工作，是唯物辯證法的要求，也是我們黨在革命、建設、改革進程中一貫倡導和堅持的方法。譬如，自改革開放以來，我們堅持以經濟建設為中心，發展是硬道理。沒有經濟的發展，就不可能有人民群眾精神文化生活的提高，人民群眾的社會權利也不可能得到真正的保障。經過改革開放近四十年的發展，中國社會生產力水平明顯提高；人民生活顯著改善，對美好生活的嚮往更加強烈，人民群眾的需要呈現多樣化多層次多方面的特點，期盼有更好的教育、更穩定的工作、更滿意的收入、更可靠的社會保障、更高水平的醫療衛生服務、更舒適的居住條件、更優美的環境、更豐富的精神文化生活。在這種情況下，我們的工作就不僅講發展速度，更要講發展品質；不僅講經濟建設，而且還要講政治、文化、社會及生態文明建設。

　　我們過去工作所取得的成績，都是堅持辯證唯物主義和歷史唯物主義的方法論指導的結果。我們黨是高度重視理論建設和理論指導的黨，強調理論必須同實踐相統一。我們在實事求是的思想路線指引下，通過不斷深化改革開放，大力發展生產力，大大激發了人民群眾的首創精神和社會活力，讓中國一步步擺脫了貧困和落後，走上了人民富裕、社會

發展和國家強盛之路。習近平總書記說過，「我們黨現階段提出和實施的理論和路線方針政策，之所以正確，就是因為它們都是以中國現時代的社會存在為基礎的。」[10]黨的十八大以來的五年，是黨和國家發展進程中很不平凡的五年。面對形勢變化，習近平總書記多次主持政治局學習辯證唯物主義、歷史唯物主義等馬克思主義理論。五年來，黨中央堅持辯證唯物主義和歷史唯物主義的方法論指導，科學把握當今世界和當代中國的發展大勢，順應實踐要求和人民願望，推出一系列重大戰略舉措，出臺一系列重大方針政策，推進一系列重大工作，解決了許多長期想解決而沒有解決的難題，辦成了許多過去想辦而沒有辦成的大事。

堅持和發展中國特色社會主義，更要高度重視理論的作用，增強理論自信和戰略定力。歷史的經驗告訴我們，社會越是發展，其系統就越是複雜。在自然經濟情況下，大多數人都是過著自滿自足的生活。而在市場經濟條件下，任何環節出現問題都可能導致「系統性紊亂」或「結構性危機」，由此就出現了貝爾所說的「風險社會」的概念。市場經濟隨著規模的擴大，其複雜性也呈幾何式增長。美國「次貸危機」所造成的全球性經濟衰退，就是「風險社會」的注腳。在這種情況下，我們更要增強憂患意識，做到居安思危、知危圖安，就必須以歷史唯物主義的態度，用唯物辯證法的方法，對形勢做出科學判斷，是為制定方針、描繪藍圖提供依據，從而帶領人民成功應對重大挑戰、抵禦重大風險、克服重大阻力、解決重大矛盾。古人云：「審度時宜，慮定而動，天下無不可為之事。」全黨各級領導都應該重視形勢分析，因為形勢不僅是變化的，而且由於中國經濟社會的發展和參與世界經濟合作進程的加深度，我們面對的問題越來越複雜，遇到挑戰可能越來越大。由此，習近

---

10 習近平：〈推動全黨學習和掌握歷史唯物主義更好認識規律更加能動地推進工作〉，《人民日報》，2015年12月5日。

平總書記告誡各級領導幹部，在分析國際國內形勢，既要看到成績和機遇，更要看到短板和不足、困難和挑戰，看到形勢發展變化給我們帶來的風險，從最壞處著眼，做最充分的準備，善於做好矛盾的轉化工作，朝好的方向努力，爭取最好的結果。在工作中，我們應該堅持穩中求進的總基調，特別是要善於把握底線思維，注重宏觀思考，決不能片面地、盲目地追求速度，而是應該在平穩的發展中化解突出的矛盾和問題，防範風險、控制通脹，致力於提高經濟社會發展品質和效益，努力做到穩中求進、穩中求好、穩中求優，牢牢把握工作的主動權。

二、如何堅持辯證唯物主義和歷史唯物主義的方法論指導

社會越是發展越具有結構上的複雜性，解決發展起來後的問題比解決發展之前的問題更加困難。面臨決勝小康社會的艱巨任務，回應國際國內各種不確定性和挑戰，這要求我們更加自覺地堅持辯證唯物主義和歷史唯物主義的方法論指導。我們怎麼樣才能更好地堅持辯證唯物主義和歷史唯物主義的方法論呢？習近平總書記給我們提出了明確的路徑。

堅持辯證唯物主義和歷史唯物主義的方法論，首先就要從歷史和現實、理論和實踐、國內和國際等的結合上進行思考。

堅持辯證唯物主義和歷史唯物主義的方法論，也要從中國社會發展的歷史方位上來思考。黨的十八大以來，在新中國成立特別是改革開放以來中國發展取得的重大成就基礎上，黨和國家事業發生歷史性變革，中國發展站到了新的歷史起點上，中國特色社會主義進入了新的發展階段。中國特色社會主義不斷取得的重大成就，意味著近代以來久經磨難的中華民族實現了從站起來、富起來到強起來的歷史性飛躍，意味著社會主義在中國煥發出強大生機活力並不斷開闢發展新境界，意味著中國

特色社會主義拓展了發展中國家走向現代化的途徑，為解決人類問題貢獻了中國智慧、提供了中國方案。

堅持辯證唯物主義和歷史唯物主義的方法論，還要從黨和國家事業發展大局出發進行思考。在新的歷史條件下，加強和完善黨的領導，堅持和發展中國特色社會主義，全面建成小康社會，實現「兩個百年」奮鬥目標，踏上建設社會主義現代化國家新征程，讓中華民族以更加昂揚的姿態屹立於世界民族之林，就是我們全部工作的大局。今後一個時期，無論事情有怎樣的變化，中國特色社會主義都仍然是我們黨的全部理論和實踐的主題。只有認清了這個主題，只有具備了這種大局觀，我們才能有清醒的頭腦，才能在紛繁複雜的現象中把握事情的本質，才能在看似雜亂無章的進程中把握牽一髮而動全身的主要矛盾，才能真正做到「審大小而圖之，酌緩急而布之，連上下而通之，衡內外而施之。」

完全可以期待，只要我們堅持辯證唯物主義和歷史唯物主義的方法論，我們就能夠牢牢把握社會主義初級階段這個最大國情，牢牢立足社會主義初級階段這個最大實際，更準確地把握中國社會主義初級階段不斷變化的特點，堅持黨的基本路線，在繼續推動經濟發展的同時，更好解決中國社會出現的各種問題，更好實現各項事業全面發展，更好發展中國特色社會主義事業，更好推動人的全面發展、社會全面進步。

三、堅持以辯證唯物主義和歷史唯物主義為指導，才能以創新的姿態和共產黨人的使命擔當，完成決勝全面小康社會的偉業

堅持辯證唯物主義和歷史唯物主義的方法論，絕不是故步自封，更不是作繭自縛。作為馬克思主義理論基礎的辯證唯物主義和歷史唯物主義，既是關於社會發展的理論，也是發展著的理論。與時俱進是其鮮明

的理論品格。恩格斯曾經說過，「每一個時代的理論思維，包括我們這個時代的理論思維，都是一種歷史的產物，它在不同的時代具有完全不同的形式，同時具有完全不同的內容。」[11]習近平總書記也指出，「歷史和現實都表明，只有堅持歷史唯物主義，我們才能不斷把對中國特色社會主義規律的認識提高到新的水平，不斷開闢當代中國馬克思主義發展新境界。」[12]我們必須跟上時代的步伐，「不能身體已進入了二十一世紀，而腦袋還停留在過去。」[13]

「明者因時而變，知者隨事而制。」在新的時代條件下，我們要進行偉大鬥爭、建設偉大工程、推進偉大事業、實現偉大夢想，仍然需要保持和發揚馬克思主義政黨與時俱進的理論品格，勇於推進實踐基礎上的理論創新。哲學是思想中把握了的時代。真正的哲學是時代精神的精華。時代是思想之母，實踐是理論之源。我們要在迅速變化的時代中贏得主動，要在新的偉大鬥爭中贏得勝利，就要在堅持馬克思主義基本原理的基礎上，勇於推進實踐基礎上的理論創新，以更寬廣的視野、更長遠的眼光來思考和把握國家未來發展面臨的一系列重大戰略問題，在理論上不斷拓展新視野、做出新概括，為在新的歷史起點上黨和國家事業發生歷史性變革，把中國特色社會主義推進到新的發展階段，做好理論準備和思想鋪墊。我們相信，有與時俱進的二十一世紀馬克思主義的指引，黨的十九大一定能夠提出具有全域性、戰略性、前瞻性的行動綱領，完善國家的發展戰略和各項政策，為中國特色社會主義新的航程指明方向。

---

11 《馬克思恩格斯選集》卷3（北京市：人民出版社，2012年），頁873。

12 習近平：〈推動全黨學習和掌握歷史唯物主義更好認識規律更加能動地推進工作〉，《人民日報》，2015年12月5日。

13 習近平：《習近平談治國理政》，（北京市：外文出版社，2014年），頁273。

辯證唯物主義和歷史唯物主義不僅是方法論，而且是關於無產階級解放和人的全面發展的理論，它引導我們站在人民的立場上看問題。習近平總書記這次講話，同以往一樣體現了以人民為中心的立場和為人民服務的使命擔當。他讓我們認識到，經過改革開放和社會發展，人民生活已經有了顯著改善的情況下，面對人民群眾對美好生活的嚮往更加強烈，人民群眾的需要呈現多樣化多層次多方面的特點。鑑於此，習近平總書記要求我們，要牢牢把握中國發展的階段性特徵，牢牢把握人民群眾對美好生活的嚮往，提出新的思路、新的戰略、新的舉措，在迅速變化的時代中贏得主動，在新的偉大鬥爭中贏得勝利，不斷開闢中國特色社會主義發展的新境界，拓展國家走向現代化的新途徑，以便讓全體中國人民能夠有更好的教育、更穩定的工作、更滿意的收入、更可靠的社會保障、更高水平的醫療衛生服務、更舒適的居住條件、更優美的環境、更豐富的精神文化生活。

習近平總書記指出，到二○二○年全面建成小康社會，實現第一個百年奮鬥目標，是我們黨向人民、向歷史做出的莊嚴承諾。為此，我們就要突出抓重點、補短板、強弱項，特別是要堅決打好防範化解重大風險、精準脫貧、污染防治的攻堅戰，堅定不移深化供給側結構性改革，推動經濟社會持續健康發展，真正全面建成得到人民認可、經得起歷史檢驗的「小康社會」。二○二○年全面建成小康社會後，我們仍然不能有絲毫的鬆懈，而應該竭盡全力地踏上實現第二個百年奮鬥目標的新征程，努力把中國建設成為社會主義現代化國家，「讓中華民族以更加昂揚的姿態屹立於世界民族之林。」

為此，習近平總書記號召全黨，一方面在方法上，要用馬克思主義理論武裝頭腦，提高戰略思維能力，不斷增強工作的原則性、系統性、預見性、創造性。在當前歷史條件下，「原則性」就集中表現為辯證唯物主義和歷史唯物主義所主張的以人民為中心的立場，「系統性」就體

現在按照唯物辯證法普遍連繫的觀點繼續統籌推進「五位一體」總體布局、協調推進「四個全面」戰略布局，「預見性」就表現在唯物史觀把握發展規律所提出的「兩個百年」奮鬥目標上，而「創造性」就展示在根據二十一世紀馬克思主義所提出的新發展理念之中。我們應該按照實踐和理論發展的新要求制定黨和國家大政方針，完善發展戰略和各項政策，以新的精神狀態和奮鬥姿態把中國特色社會主義推向前進。另一方面在自身建設上，要堅持問題導向，保持戰略定力，推動全面從嚴治黨向縱深發展。既然管黨治黨不僅關係黨的前途命運，而且關係國家和民族的前途命運，那麼我們就必須以更大的決心、更大的勇氣、更大的氣力抓緊抓好，把全面從嚴治黨的思路舉措搞得更加科學、更加嚴密、更加有效，確保黨永葆旺盛生命力和強大戰鬥力，確保黨始終同人民想在一起、幹在一起，引領承載著中國人民偉大夢想的航船破浪前進，勝利駛向光輝的彼岸。

第五節　持續推動當代中國馬克思主義大眾化

馬克思主義是社會主義核心價值體系的內在靈魂，決定著社會主義核心價值觀的性質和方向。脫離開社會發展的歷史，脫離開不同的世界觀和意識形態，價值觀的概念——如民主、自由、平等、公正、法治、友善——就是抽象的。我們倡導的價值觀，必須放在中國特色社會主義事業和馬克思主義的語境中，才能得到正確的理解。讓廣大幹部群眾弘揚和踐行社會主義核心價值觀，就必須輔之以馬克思主義的大眾化。

一、馬克思主義大眾化的內涵及實質

在社會主義的現實社會和歷史唯物主義的理論語境之中，馬克思主義的大眾化，不僅僅是一個轉變理論話語的表達方式，以便讓人民群眾容易理解的修辭問題，更重要的是人們看問題的方式和方法問題，是思維方式問題，也是學者如何處理學術研究與時代要求的問題。時代要求我們的學術研究必須面向大眾、為了大眾、植根於大眾。

在這裡，馬克思主義大眾化，首先是解決我們學術研究的目的何為的問題，即：我們的馬克思主義學術研究和理論探索，是為了人民大眾豐富精神世界和提高認識世界、理解世界的水平，提高改造世界的能力，還是為了少數人自我欣賞、自我陶醉的文字堆砌和智力遊戲？馬克思主義的實踐品格和階級性都證明，馬克思主義不是書齋裡的文字遊戲，也不是戴著睡帽的頭腦中的風暴，而是源於人民群眾社會實踐的理論總結和概括，是關於無產階級和人民群眾獲得自由和解放的理論。馬

克思主義大眾化，不是僅僅為了用一些通俗易懂的語言向大眾的頭腦裡塞一些概念、命題和學說，而是為了提高群眾認識水平、理解力和解決實際問題的能力。所以，馬克思主義大眾化的理論何為的問題，就是解決理論為了誰的問題。

其次，馬克思主義大眾化也是解決學術研究的真實基礎和根基問題，即我們的學術研究是源於人民群眾的實踐活動呢，還是僅僅來自書本和學者自身的頭腦？我們認為，馬克思主義的大眾化不僅僅是通俗化表達，而是其思想來源的基礎就在於大眾的社會實踐活動之中。學術大眾化不僅僅是一個表述方式的問題，而是一個理論自身的生成性問題。如果馬克思主義是追求關於社會歷史發展的規律性認識即真理，那麼我們的學術研究就應該基於人民群眾的社會實踐之中。如果說問題就是時代的呼聲，而群眾的呼聲就是最緊要的時代問題，那麼我們就必須從群眾的需要和呼聲中尋找研究的問題，回答時代性的問題。所以，馬克思主義大眾化的理論真正基礎和根基問題，就是解決理論源於何處、來自何處的問題，實際上就是理論研究依靠誰的問題。

最後，馬克思主義大眾化還是解決學術研究的功能作用問題，即我們的學術活動是僅僅在於學者圈子內的自我循環呢，還是應該在火熱的生活世界之中發揮其認識世界、改造世界的作用呢？馬克思說過，以往的一切哲學都是解釋世界，而問題在於改造世界。馬克思主義的學術研究不是學者手中把玩的古董，而是人民群眾認識世界、改造世界的強大思想武器。在這個意義上，要真正理解和發展馬克思主義，就必須走馬克思主義大眾化的道路和途徑。所以，馬克思主義大眾化的理論功能和作用問題，就是解決理論有無功用的問題，就是解決理論對群眾是否有用、是否管用的問題，即理論研究對誰有用的問題。

一句話，馬克思主義大眾化既是一個表達方式的問題，但從根本上說更是一個是否按照歷史唯物主義的立場和方法進行學術研究的問題。

只有投身人民群眾的社會實踐，依靠人民群眾，才能研究出人民群眾能夠感同身受、對人民群眾有用的學術成果來。

二、馬克思主義大眾化的路徑和方法

既然馬克思主義大眾化是為了人民群眾、源於人民群眾的社會實踐、著眼於提高人民群眾的認識水平和實踐能力，那麼我們在進行學術研究和理論探索時就必須投身人民群眾的實際生活之中去，在火熱的時代大潮中創造性地進行馬克思主義學術大眾化。

對馬克思主義大眾化的路徑和方式，我們必須進行多方面的探索，也可以有各種各樣的嘗試。但其實質必須符合馬克思主義自身的特徵，即為人民大眾服務的宗旨及其社會實踐性。馬克思主義是無產階級和人民群眾認識世界、改造世界的思想武器，馬克思主義的學術就是要讓這種思想武器與社會實踐的要求越來越相契合，讓這種思想武器越來越管用、越來越鋒利、越來越順手，讓越來越多的群眾掌握這種思想武器。為此，馬克思主義學術大眾化要求學術工作者投身到人民大眾的生活和實踐之中，從人民群眾的實踐經驗中汲取智慧和營養，這樣的學術研究才能接地氣，才能有生命活力，才能對人民大眾有用。

馬克思主義大眾化還要求我們學會用人民群眾的語言表達學術問題，這樣的學術才能讓人民大眾感興趣、聽得懂，從而讓越來越多的群眾能夠理解馬克思主義的理論實質和價值追求。馬克思主義大眾化還要求我們在話語體系和表達方式上下功夫。作為時代精神的精華，馬克思主義應該以詩一般的語言，表達關於社會發展進程的鋼鐵般的邏輯。雖然馬克思主義學術大眾化不僅僅是語言和詞語問題，但是，沒有合乎人民群眾需要的語言也是萬萬不能的。中國夢甫一提出，就獲得億萬人民的感同身受，充分說明了語言表達的力量。問題就是時代的聲音。而合

乎時代要求的語言，就能更好地發出這種聲音。

研究學術需要我們的頭腦和聰明才智，但學術問題不在頭腦裡，而在客觀現實之中。學術研究必須有問題意識。問題就存在於社會發展的時代潮流中，存在於人們的實踐中，存在於人們的生活中，存在於工廠、在田間、在市場、在實驗室、在人們奔波的路途中。我們必須深入社會實踐，才能實現馬克思主義的大眾化。最近，在培育和踐行社會主義核心價值觀的宣傳活動中，報刊、電臺、電視臺和網站等大眾媒體，紛紛跑基層，在人民群眾的實際生活中挖掘活生生的且昂揚向上的價值追求；同時，也組織學者就人民群眾實際社會的價值取向進行學理方面的闡釋，既貼近社會現實，又反映重大價值取向的學術問題，這是值得借鑑的。學術研究必須介入生活世界，才能真正獲得理論意義。

三、以馬克思主義大眾化的研究成果推動改革發展

如果馬克思主義學術大眾化不僅僅是一個表達方式問題，而是馬克思主義理論自身的基礎和生成方式問題，那麼我們就必須通過馬克思主義的大眾化來推進馬克思主義的中國化和時代化，也就是通過人民群眾改革開放和中國特色社會主義事業的探索實踐，研究馬克思主義的中國問題和時代問題，並且用研究的成果推進中國特色社會主義現代化建設事業。可以說，這就是學術研究的群眾路線。

改革開放以來中國特色社會主義建設的實踐證明，人民群眾有著無限的創造力。小崗村農民的行動，開啟了農村改革；中關村的發展，證明了中國人民有著無限的創造力。我們在改革和發展中，要更多地問計於民。不僅學術研究如此，實際工作也應該如此。我們在理論和實際中，都要相信人民群眾、依靠人民群眾、服務於人民群眾。

以習近平同志為核心的黨中央開展群眾路線學習實踐教育活動，取得了良好的成果。實際上，這就是馬克思主義中國化的大眾化的實踐途徑。群眾路線是黨的根本工作路線。以毛澤東同志為代表的中國共產黨在長期鬥爭中形成了一切為了群眾、一切依靠群眾和從群眾中來、到群眾中去的群眾路線。群眾路線是毛澤東思想的活的靈魂的三個基本方面之一，是中國共產黨最根本的工作路線。進行馬克思主義學術研究，也要牢固樹立馬克思主義的群眾觀點，始終堅持黨的群眾路線。如果說群眾觀點是我們黨最基本的政治觀點，群眾路線是我們黨最根本的工作路線，那麼也是馬克思主義學者的根本研究路線。

　　李克強總理在第十二屆人民代表大會第二次全會作的政府報告中講：「深入推進行政體制改革。進一步簡政放權，這是政府的自我革命」我對這句話感受頗深。——可以說，這就是實踐中的馬克思主義大眾化。我認為，這就是相信人民群眾、依靠人民群眾、為了人民群眾的改革。我們的政府過去不斷地做加法，不斷地增加干預，結果卻限制了群眾自身的創造力。今後，改革不僅做加法，也要做減法，就是減去那些束縛社會活力的習慣思維和管理辦法。讓權力的本質不僅體現在否定上，要更多地體現在保證經濟、文化、社會的自由創造空間上。

　　總之，我們必須以馬克思主義的理論要求去進行馬克思主義的大眾化。根據歷史唯物主義的觀點，當你以實事求是的態度，深入社會實踐，回答人民群眾關心的時代問題時，你就是將馬克思主義貫穿到學術研究中去了，你同時就是在進行馬克思主義大眾化了。

新社會主義研究叢刊 AA201017

大國話語

作　　　者	韓　震	
版權策畫	李煥芹	

發 行 人	林慶彰
總 經 理	梁錦興
總 編 輯	張晏瑞
編 輯 所	萬卷樓圖書股份有限公司
排　　　版	菩薩蠻數位文化有限公司
印　　　刷	百通科技股份有限公司
封面設計	菩薩蠻數位文化有限公司

出　　　版	昌明文化有限公司

桃園市龜山區中原街 32 號

電話 (02)23216565

發　　　行　萬卷樓圖書股份有限公司

臺北市羅斯福路二段 41 號 6 樓之 3

電話 (02)23216565

傳真 (02)23218698

電郵 SERVICE@WANJUAN.COM.TW

大陸經銷　廈門外圖臺灣書店有限公司

電郵 JKB188@188.COM

ISBN 978-986-496-544-1

2020 年 2 月初版

定價：新臺幣 380 元

如何購買本書：

1. 轉帳購書，請透過以下帳戶

合作金庫銀行 古亭分行

戶名：萬卷樓圖書股份有限公司

帳號：0877717092596

2. 網路購書，請透過萬卷樓網站

網址 WWW.WANJUAN.COM.TW

大量購書，請直接聯繫我們，將有專人為您

服務。客服：(02)23216565 分機 610

如有缺頁、破損或裝訂錯誤，請寄回更換

版權所有·翻印必究

Copyright©2020 by WanJuanLou Books CO., Ltd.

All Right Reserved　　　　**Printed in Taiwan**

國家圖書館出版品預行編目資料

大國話語 / 韓震著.-- 初版.-- 桃園市：昌
明文化出版；臺北市：萬卷樓發行, 2020.02
　　面；　公分.-- (新社會主義研究叢刊；
AA201017)
ISBN 978-986-496-544-1(平裝)

1.社會主義 2.中國大陸研究
　　　549.22　　　　　　　　109002148